팬인가 제자인가
에센셜 에디션

Follower
Copyright © 2011, 2016 by City on a Hill Studio, LLC
Derived from Material previously published in *Not a Fan*.
Abridged by Kyle Idleman.

Originally published in English by Zondervan, Nashville, TN, U.S.A.
All rights reserved.

This Korean translation edition © 2021 by Duranno Ministry, Seoul, Republic of Korea
Published by arrangement with Zondervan a division of HarperCollins Christian
Publishing, Inc. through rMaeng2, Seoul, Republic of Korea

이 한국어판의 저작권은 알맹2를 통하여 Zondervan과 독점 계약한 두란노서원에 있습니다.
신 저작권법에 의하여 한국 내에서 보호받는 저작물이므로 무단 전재와 무단 복제를 금합니다.

팬인가, 제자인가
에센셜 에디션

지은이 | 카일 아이들먼
옮긴이 | 정성묵
초판 발행 | 2021. 3. 18.
3쇄 발행 | 2024. 11. 20.
등록번호 | 제1988-000080호
등록된 곳 | 서울특별시 용산구 서빙고로65길 38
발행처 | 사단법인 두란노서원
영업부 | 02)2078-3333 FAX | 080-749-3705
출판부 | 02)2078-3330

책값은 뒤표지에 있습니다.
ISBN 978-89-531-3979-4 03230

독자의 의견을 기다립니다.
tpress@duranno.com www.duranno.com

두란노서원은 바울 사도가 3차 전도 여행 때 에베소에서 성령 받은 제자들을 따로 세워 하나님의 말씀으로 양육하던 장소입니다. 사도행전 19장 8-20절의 정신에 따라 첫째 목회자를 돕는 사역과 평신도를 훈련시키는 사역, 둘째 세계선교™와 문서선교단행본·잡지 사역, 셋째 예수문화 및 경배와 찬양 사역, 그리고 가정·상담 사역 등을 감당하고 있습니다. 1980년 12월 22일에 창립된 두란노서원은 주님 오실 때까지 이 사역들을 계속할 것입니다.

팬인가, 제자인가
에센셜 에디션

카일 아이들먼 지음
정성묵 옮김

두란노

추천의 글

참 좋은 책입니다. "나를 따르라"라고 하시는 예수님의 충격적인 부르심은 때로는 고통스럽습니다. 하지만 결국은 그것이 가장 행복한 부르심입니다. 제자의 삶은, 바로 예수님과 사랑에 빠진 삶으로의 초대이기 때문입니다. 저는 이 책의 메시지처럼 제자로 예수님을 따르고 싶습니다. 뜨겁게 예수님을 사랑하고 싶습니다.

_ **유기성** 선한목자교회 담임목사

저자는 팬과 제자의 삶을 구분하면서, 신앙의 아웃사이더 기쁨만 추구하는 것에서 벗어나 예수와 함께하는 제자의 삶으로 초대하고 있습니다. 우리에게 제자의 삶의 비밀과 영광을 맛보고, 예수께만 목마른 인생으로 살자고 촉구하고 있습니다. 진짜 신앙을 맛보라는 저자의 도전에 귀 기울이기를 바랍니다.

_ **이찬수** 분당우리교회 담임목사

'우리는 예수님을 믿기는 하지만 삶을 간섭받는 것은 싫어한다'는 이 책의 지적에 고개를 끄덕이게 됩니다. 그런 모습이 많기 때문입니다. 팬에서 제자로 변모하려 한다면, 그 출발점은 자기 안의 팬을 발견하는 것부터입니다. 이 책은 열정의 불이 꺼지고 더 이상 예수를 좇지 않고 흥미를 잃어버린 사람들의 식은 열정의 불씨를 되살리도록 도와줍니다. 우리는 바로 예수의 제자들입니다.

_ **이동원** 지구촌교회 원로목사

'팬이냐 제자냐.' 둘 중에 하나를 선택하라는 메시지가 저를 향한 예수님의 요구로 강렬하게 다가왔습니다. 그 요구 앞에 부족한 나 자신을 반성하며 겸손히 무릎을 꿇습니다. 그리고 주님을 위하여 '남김 없이, 후퇴 없이, 후회 없이' 남은 생을 살겠다고 결단합니다. 이 책을 읽는 동안 더욱 순전한 예수님의 제자로 살고 싶다는 열망이 불같이 솟아올랐습니다.

_ **김인중** 안산동산교회 원로목사

이 책을 읽으면 예수님을 따르는 것이 그저 '지옥행을 면하는 공짜 티켓'이 아님을 알게 됩니다. 단순한 결심이 아니라 온전한 헌신을, 그냥 지식이 아니라 그분과의 친밀함을 가진 제자들이 많아진다면 교회와 세상은 더 큰 희망을 갖게 될 것입니다. 제자가 지불해야 할 대가가 무엇인지 알고 그 삶을 살고자 열망하는 사람들이 필요합니다. 이 책을 통해 많은 그리스도인들이 새로운 도전을 받고 새로운 삶의 길로 들어서기를 기대합니다.

_ **박은조** 은혜샘물교회 원로목사

1600년 즈음, 종교개혁 후 100여 년이 지나면서 유럽 교회의 신앙이 시들고 병들었습니다. 그때 사역했던 요한 아른트 목사는 이런 얘기를 했습니다. "오늘날 그리스도의 제자라고 말하는 사람은 많지만, 그리스도의 길을 한 걸음씩 따라가는 사람은 드물다." 이 책을 읽으면서 시대를 넘어 흐르는 신앙 갱신의 주선율을 다시 들었습니다. 새로워지지 않으면 미래가 없습니다.

_ **지형은** 성락성결교회 담임목사

움켜쥘수록 마음이 냉랭하고 영혼이 시들어지는 것을 경험하게 됩니다. 죽은 마음을 되살리고 싶고, 묵은 땅을 갈아엎고 싶다면, 이 책을 읽으십시오. 주님께 전부를 내려놓는 삶, 그럴 때 그토록 찾고 싶은 삶을 만나게 될 것입니다.

_ **박성민** 한국 CCC 대표

우리는 매번 예수님을 따르겠다고 결심합니다. 그런데 '지금'(now), '여기에서'(here)는 아닙니다. 나중으로 미룹니다. 이것은 사실 '아무데서도'(nowhere) 제자가 아닙니다. 우리는 믿음의 결단과 실천의 속도를 늦추는 것에 대한 위기감이 없습니다. 저자는 이 책에서 예수님의 팬은 많이 있지만, 십자가를 지려는 제자는 드물다고 말하고 있습니다. 이 책은 우리가 그동안 덮어두었던 불편한 진실을 밝히고 있습니다. 팬이 아니라 '언제', '어디서나', '무엇이든지' 예수님을 따르는 제자들이 많아지기를 소망합니다.

_ **한기채** 중앙성결교회 담임목사

요한복음 2장 23-25절을 보면, 많은 사람들이 예수님의 기적을 보고 몰려 다녔지만, 예수님은 그들을 의지하지 않으셨습니다. 예수님이 팬의 속성을 꿰뚫고 계셨기 때문입니다. 오늘날 많은 그리스도인들이 잘못된 길로 들어서는 이유도 바로 '제자'와 '팬'을 구분하지 못하기 때문입니다. 이 책을 읽는 독자들이 예수님의 팬이 아닌 진정한 제자로 거듭날 수 있기를 기도합니다.

_ **김학중** 꿈의교회 담임목사

contents

prologue 인생에서 가장 중요한 질문 10

Part 1
가장 행복한 부르심
나를 따르라

말뿐인가? 행동인가?
1 말로만 하는 것은 절대로 안 된다 20

지식인가? 친밀함인가?
2 반쪽짜리 마음으로는 어림도 없다 34

많은 애인 중 한 명? 단 하나뿐인 애인?
3 대가를 제대로 알고 시작하라 46

율법인가? 은혜인가?
4 종교 활동을 잘한다고 될 일이 아니다 60

자신의 힘인가? 성령 충만인가?
5 자신의 힘을 의지하면 여지없이 깨진다 72

의무인가? 관계인가?
6 예수님과 가슴과 가슴이 통해야 한다 86

Part 2

가장 고통스런 부르심
자기를 부인하라

열린 초대
7 부르심은 자격을 따지지 않는다 104

열정적 추구
8 불같은 사랑으로 예수를 따르라 124

완전한 포기
9 인생의 근사한 권리를 모두 포기하라 136

날마다 헌신
10 죽고 또 죽으라 148

Part 3

가장 충격적인 부르심
와서 죽으라

나는 '어디든지' 간다
11 예수님이 지시하면 어디든지 따라나선다 166

나는 '무엇이든지' 드린다
12 전부를 드리지 않으면 드리지 않는 것이다 178

■
prologue
_____

인생에서
가장 중요한
질문

_____

"당신은 예수님의 제자인가?"

보나마나 당신은 이 질문을 대충 읽고 넘어갔을 것이다. 그래서 다시 한 번 묻고 싶다. 왜냐하면 이 질문이야말로 우리 인생에서 가장 중요한 질문이기 때문이다. 당신은 예수님의 제자라고 생각하는가? 아무쪼록 당신이 이 책을 읽고 나서 더욱 확신을 가지거나 회개하기를 바란다. 이 책을 통해 예수님과의 관계를 점검해 보고, 혹시 문제가 있다면 즉시 회개하고 그분을 따르기로 결단하는 기회를 가지길 바란다.

예수님과 깊은 관계 맺기

예수님과 DTR 대화를 나누어 보자. DTR은 바로 '관계 정립'(Define the Relationship)이다. DTR 시간은 사람 사이에서 관계의 깊이를 결정한다. 관계가 어느 정도까지 진전되었는지, 상대방의 마음이 내 마음과 같은지 확인하는 시간이다.

이런 상상을 한번 해 보라. 동네 커피숍에 들어가 한산한 테이블에 자리를 잡는다. 그리고 커피 한 모금을 마시며 느긋한 한때를 즐긴다. 이윽고 누군가 커피숍에 들어와 당신의 바로 옆 좌석에 앉는다. 저런, 예수님이시다. 푸른 터번을 보아 알 수 있다. 무슨 말을 꺼내야 할까? 어색한 침묵이 흐른다. 마침내 당신이 테이블 위의 커피를 포도주로 바꾸어 달라는 부탁으로 침묵을 깬다.

그러자 예수님이 그 옛날 베드로에게 던졌던 시선을 당

신에게 보내신다. 그분이 막 입을 여시려는데 갑자기 식사 기도를 하지 않았다는 사실이 떠오른다. 문득 멋진 기도로 예수님께 확실히 눈도장을 찍기로 한다. 기도를 시작하는데 예수님 앞이라서 그런지 긴장이 된다. "세 가지 기도를 드립니다. 날이 갈수록 당신을 더 사랑하고, 당신을 더 분명히 보고, 당신을 더 가까이 따르기를 원합니다." 재빨리 "아멘"을 하고 생각해 보니 자신도 모르게 어느 영화에서 봤던 기도를 그대로 읊은 게 아닌가.

예수님이 당신의 눈을 똑바로 쳐다보며 재빨리 본론을 꺼내신다. "이제 우리의 관계를 정립할 때가 왔다." 당신은 예수님을 어떻게 생각하는가? 다른 누구보다도 예수님과 깊은 관계를 맺고 있는가? 당신과 예수님의 관계는 어떠한가? 얼마나 끈끈한 관계인가?

어릴 적부터 교회를 다녔는가? 아니면 최근에서야 교회란 곳의 문턱을 넘었는가? 그런 것은 중요하지 않다. 예수님이 당신과 맺기 원하시는 관계는 따로 있다. 예수님은 진정한 제자의 길을 조금도 포장하지 않고 적나라하게 말씀해 주신다. 어떤가? 커피숍에서 예수님과 나란히 앉아 그분이 원하시는 관계에 관해 있는 그대로 듣는다고 상상하니 "당신은 예수님의 제자인가?"라는 질문이 좀 더 무겁게 다가오지 않는가?

팬은 어디까지나 팬일 뿐이다

예수님의 제자로 자처하는 사람은 널려 있지만 예수님과의 관계를 진지하게 돌아보고 나서도 자신 있게 제자라고 말할 사람은 많지 않을 것이다. 그들이 제자가 아니라면 무엇일까? 그들은 그냥 '팬'이다.

팬에 대한 가장 기본적인 사전적 정의는 '누군가를 열정적으로 좋아하는 사람'이다.

팬은 맨몸에 페인트칠을 하고서 축구장에 가는 사람이다. 팬은 관람석에 앉아 팀을 열렬히 응원하는 사람이다. 팬은 선수가 사인한 운동 셔츠를 벽에 걸어 두고 자동차 뒤에 갖가지 범퍼 스티커를 붙인다. 하지만 정작 경기에는 나서지 않는다. 경기장에서 땀을 뻘뻘 흘리며 달리거나 공을 차지는 않는다. 선수들에 관해서는 모르는 게 없고 최근 기록을 줄줄이 꿰고 있지만 선수들을 개인적으로 알지는 못한다. 고함을 지르며 응원은 하지만 경기를 위해 희생을 하지는 않는다. 게다가 응원하는 팀이 자꾸만 패하면 그렇게 좋아하던 마음도 조금씩 식어 가고, 심지어는 다른 팀으로 옮겨 가기도 한다. 팬은 어디까지나 팬일 뿐이다.

연예 뉴스를 빠짐없이 보는 여자는 〈피플〉 잡지가 발간되는 날이면 득달같이 달려가 구입한다. 그녀는 최근 할리우드를 떠들썩하게 만든 여배우의 열렬한 팬이다. 이 여배우의 출연 영화는 물론이고 출신 학교, 생일, 전 남자친구의 이름까지 알고 있다. 한마디로, 이 여배우에 관해서라면 모르는 게 없다. 하지만 정작 개인적으로는 알지는 못한다. 이 여자는 여배우의 열렬한 팬이지만 어디까지나 팬일 뿐이다.

요즘 예수님 주변에도 팬이 많다. 팬은 일이 잘 풀릴 때는 예수님을 응원하지만 반대 상황에 이르면 언제 그랬냐는 듯이 몸을 돌려 다른 선수에게 들러붙는다. 팬은 안전한 관람석에 앉아 응원만 할 줄 알지 경기장에서 필요한 희생과 고통은 조금도 모른다. 예수님에 관해서는 모르는 게 없어도 그분을 개인적으로 알지는 못한다.

예수님이 원하시는 관계 중에 스타와 팬의 관계는 없다. 그런데도 미국의 많은 교회가 성전에서 스타디움으로 변질된 것 같아 안타까운 마음을 금할 수 없다. 매주 팬들이 스타디움으로 우르르 몰려와 예수님을 응원하지만 그분을 진정으로 따르는 사람은 눈을 씻고 찾아봐도 없다. 오늘날 교회의 가장 큰 문젯거리는 스스로 그리스도인이라고 말하지만 정작 그리스도를 따를 생각은 추호도 없는 팬들이다. 온갖 혜택을 바라며 예수님의 주위로 몰려드는 팬들은 있다. 하지만 자신을 희생할 만큼 그분과 가깝지는 않다.

이제 커피숍 안쪽에 자리를 잡고 계속해서 이 책을 읽어 보라. 성경적인 관점에서 예수님과의 관계를 솔직하게 돌아보자. 당신은 예수님의 제자인가? 아니면 단지 팬일 뿐인가?

가장
행복한 부르심
나를 따르라

Part 1

follower

chapter 1

말뿐인가? 행동인가?

말로만 하는 것은
절대로 안 된다

요한복음 3장에는 니고데모라는 팬이 등장한다. 니고데모는 널리 존경받는 하나님의 사람이었다. 그는 종교 지도자들의 엘리트 집단인 산헤드린 공회의 일원이었고, 일찍감치 예수님께 열광해 왔다. 예수님의 가르침을 듣고 정신이 번쩍 들었고, 그분의 놀라운 기적에 눈이 휘둥그레졌다. 무엇보다 그의 마음을 사로잡은 것은 그분의 넘치는 연민과 사랑이었다.

예수님의 팬, 니고데모

니고데모는 예수님과 더 깊은 관계로 들어갈 준비가 되어 있었다. 하지만 생각만큼 쉽지는 않았다. 드러내 놓고 예수님을 따르면 잃을 것이 한두 가지가 아니었기 때문이다. 명망 높은 종교 지도자가 갈릴리라는 촌구석에서 올라온 전직 목수의 제자라는 사실이 알려지면 사람들이 무엇이라고 수군댈까? 최소한 그동안 쌓아 온 명성이 일순간에 무너질 게 불을 보듯 뻔했다. 남몰래 예수님의 팬으로 활동하면 잃을 게 별로 없었지만 제자의 길에는 비싼 가격표가 붙어 있었다. 이는 그때나 지금이나 매한가지이다.

그렇게 니고데모는 가슴 떨리는 기로에 섰다. 종교를 선택할 것인가? 아니면 예수님과의 깊은 관계를 선택할 것인가? 종교를 잃지 않고서 예수님을 진정으로 따를 방법은 없다. 지금도 종교는 니고데모처럼 예수님을 따르려는 사람들을 끊임없이 방해하고 있다.

요한복음 3장은 니고데모와 예수님의 DTR 순간을 묘사하고 있다. 이야기는 니고데모가 예수님을 찾아가면서 시작된다.

> 그가 밤에 예수께 와서…(요 3:2).

여기서 만남의 시점을 대수롭지 않게 생각하기 쉽다.

하지만 생각할수록 이상하지 않은가? 니고데모는 왜 굳이 한밤중에 예수님을 찾아갔을까? 훤한 대낮에도 시간이 많지 않은가. 예수님이 공공장소에서 가르침을 펴실 때 잠깐 뵙기를 청하면 편했을 것이다. 게다가 니고데모 정도의 인물이 나타나면 사람들이 알아서 예수님께로 가는 길을 터 주었을 것이다. 하지만 성경은 그가 밤에 예수님을 찾아 갔다고 말한다.

밤에 찾아가면 남들 눈에 띄지 않는다. 야밤을 틈타면 다른 종교 지도자들의 거북한 질문을 피할 수 있다. 밤에는 아무도 모르게 예수님을 만날 수 있다. 보는 눈이 없을 때 예수님과 이야기를 나누면 현재의 삶을 그대로 유지한 채로 예수님과의 관계를 시작할 수 있을지도 모른다. 실직의 위험 없이 예수님을 따를 수 있다. 친구와 가족에게 굳이 알릴 까닭은 없지 않는가. 밤에 조용히 예수님을 만나 그분을 믿기로 결심만 하면 그만이지 않는가. 그렇게 하면 어렵게 쌓은 편안한 삶이 뒤흔들릴 일이 없다.

어쩐지 팬의 태도처럼 보이지 않는가? 팬은 자신의 삶을 조금도 희생하지 않은 채 예수님을 따르기 원한다.

예수님을 따르기 위해
어떤 손해를 보았는가

하지만 니고데모는 결국 진실 앞에 서게 된다. 삶이 뿌리째 흔들리지 않고서 예수님을 따를 방법은 없다. 예수님을 따르면 뭔가를 잃을 수밖에 없다. 니고데모에게 그것은 높은 지위, 동료들의 존경, 수입, 우정, 가족과의 관계였다. 당신은 예수님을 따르기 위해 무엇을 내놓았는가? 이것이 팬에게는 보통 부담스러운 질문이 아닐 수 없다. 이 질문을 대충 넘기지 말고, 예수님을 따르기 위해 어떤 손해를 입었는지 글로 써 보라. 예수님을 따른 탓에 삶이 어떻게 흔들렸는가?

예수님 때문에 삶이 조금 변하는 것은 얼마든지 감수할 수 있다. 하지만 예수님은 우리 삶을 뿌리째 뒤흔들기를 원하신다. 팬은 약간의 손질만을 할 생각이지만 예수님은 완전한 수리를 말씀하신다. 팬은 약간의 조정을 생각하며 예수님께 오지만 예수님은 완전히 분해하고 수리하기를 계획하신다. 팬은 화장을 약간만 고치면 족하다고 판단하지만 예수님은 화장을 처음부터 다시 할 생각을 하신다. 팬은 몇 가지 장식만 달면 그만이라고 생각하지만 예수님은 완전한 개조를 원하신다. 팬은 예수님의 가르침만을 원하지만 예수님은 그의 삶을 송두리째 뒤흔들기를 원하신다.

먼저 니고데모는 예수님이 하나님께로부터 왔다는 사실을 믿는다고 분명히 말한다. 하지만 예수님은 대낮이 아닌 야밤에 찾아온 니고데모의 속내를 꿰뚫어 보시고 3절에서 그에게 거듭나야 한다고 말씀하신다. 이는 존경받는 종교 지도자 니고데모의 자존심을 건드리는 말씀이었다. 그는 어릴 적에 이미 성경의 처음 다섯 권을 줄줄 외웠고, 커서는 평생 종교적인 이력을 쌓아 왔다. 하지만 예수님은 그의 의로운 행위와 종교 의식에는 관심이 없다고 말씀하신다. 예수님이 원하시는 것은 그가 완전히 새로운 삶으로 거듭나는 것이다.

니고데모는 이미 예수님을 믿는다고 말했다. 하지만 그 정도로 믿는 것과 실제로 그분을 따르는 것은 차원이 다르다. 예수님은 그 정도로 믿는다고 말하는 사람을 원치 않으신다. 예수님은 니고데모가 그분을 따라오기를 원하신다.

밤만이 아닌 낮에도 니고데모와 동행하기를 원하신다.

진짜 믿음은
말로만 믿는 것이 아니다

> **팬인가 제자인가 진단하기 1** 예수님을 믿는다고 말로만 고백하는가? 아니면 예수님을 실제로 따르고 있는가?

차이가 있다. 차이가 있어서는 안 되지만 분명한 차이가 있다. 예수님을 믿기는 하되 따르지는 않는 사람이 많다. 복음은 이런 이중적인 모습을 인정하지 않는다. 진짜 믿음은 말로만 믿는 것이 아니다. 팬은 기도를 따라하고 설교자의 초대에 따라 자리에서 일어나거나 강대상 앞으로 걸어 나가 믿음을 고백한다. 그러나 실제로 예수님을 따르지는 않는 사람이다. 예수님은 그런 믿음을 인정하신 적이 없다. 그분은 말뿐인 믿음이 아니라 삶에서 열매 맺는 믿음을 찾으신다. 그분을 믿는다고 하면서 정작 따르지 않는다면 팬에 불과할 뿐이다.

대개 우리는 뭔가를 사실로 받아들이는 것이 믿음이라고 생각한다. 하지만 성경에서 말하는 믿음은 단순히 머리로 받아들이거나 감정적으로 인정하는 것이 아니다. 믿음의 대상을 실제로 따라야 진짜 믿음이다. 따르는 것은 고개만 끄덕이는 것이 아니라 손발로 움직이는 것이다. 교회가 팬을 양산하는 공장으로 전락하는 이유 중 하나는 '믿음'의 메시지와 '따름'의 메시지를 분리하기 때문이다. 두 메시지를 분리하면 균형이 깨진다.

복음서에서 예수님은 "나를 믿으라"라는 말씀을 4번 정도 하셨다. 그렇다면 "나를 따르라"라는 말씀은 몇 번이나 하셨을까? 자그마치 20번 정도이다. 따르는 것이 믿는 것보다 중요하다는 말을 하려는 게 아니다. 그 둘은 밀접하게 연결되어 있다. 그 둘은 믿음의 심장과 폐이다. 둘 중 하나만 없어도 살아갈 수가 없다. 믿음의 메시지에서 따름의 메시지를 떼어 내면 믿음은 곧바로 죽어 버린다. 믿음과 따름의 이분법을 깨뜨리지 않는 한, 교회 안에는 언제까지고 팬만 득실거릴 것이다. 따름은 믿음의 일부이다. 진정으로 예수님을 믿는 사람은 반드시 그분을 따르게 되어 있다.

많은 설교자가 진정한 제자의 길을 의도적으로 혹은 잊어버리고 이야기하지 않았으니 나라도 이야기해 보겠다. 회개 없이는 용서도 없다. 죽음 없이는 생명도 없다. 행동하지 않는 믿음은 진짜 믿음이 아니다.

어느 날 내가 목회하는 교회로 메일 한 통이 도착했다. 자신을 등록 교인 명부에서 빼 달라는 내용이었다. 이유는 다음과 같았다.

> 카일 목사님의 설교가 마음에 들지 않습니다.

그것이 이유의 전부였다. 도저히 납득할 수가 없어 그 사람과 대화해 보기로 했다. 교회 요람에서 전화번호를 찾아 전화를 걸었다. 상대방이 전화를 받자 나는 본론을 꺼냈다. "안녕하세요, 카일 아이들먼 목사입니다. 제 설교가 싫어서 교회를 떠나신다고 들었습니다."

잠시 불편한 침묵이 흘렀다. 역시 당황한 게 분명했다.

어색한 순간이 지나가고 그가 횡설수설 해명을 시작했다. 한참을 떠들던 그가 마침내 중요한 말을 내뱉었다. 그리 기분 좋은 말은 아니었지만 그 말에 안도의 한숨과 함께 눈물이 주르륵 흘렀다. 나는 차를 갓길에 세우고 펜을 꺼내 그 말을 적었다.

> 음… 목사님의 설교가 제 삶을 뒤흔드는 것 같은 기분이 들었습니다.

삶을 뒤흔든다? 그것이야말로 내 소명이다. 하지만 그의 말이 무슨 뜻인지 알겠는가? 바로 이런 뜻이다. "예수님은 믿습니다. 사실, 예수님의 열렬한 팬이죠. 하지만 예수님을 따르라는 소리는 하지 마십시오. 주일마다 교회에 가는 것은 괜찮습니다. 식사 기도도 열심히 할 마음이 있습니다. 하지만 예수님 때문에 제 삶이 방해를 받고 싶지는 않습니다." 하지만 예수님은 그분을 따르지 않고 믿기만 하겠다는 팬을 기뻐하지 않으신다.

예수님의 제자로 거듭난
니고데모

요한복음 3장에서 예수님을 만난 니고데모는 어떻게 변했을까? 그것에 대해 아무 말이 없는 것을 보니 열렬한 팬도 아닌 소심한 팬으로 평생을 살았던 것일까? 말로만 믿음을 떠드는 모습에서 벗어나 헌신의 삶으로 발전하지 못한 것일까?

하지만 니고데모의 이야기는 이것으로 끝이 아니다. 요한복음 7장에서 그를 다시 만날 수 있다. 예수님의 인기가 하늘을 찌르자 종교 지도자들은 질투에 사로잡혔다. 성경은 예수님의 입을 다물게 만들 구실을 찾기 위해 산헤드린 공회가 소집되었다고 말한다. 종교 지도자들의 역할 중 하나는 거짓 선지자를 색출하는 것이었다. 그들은 예수님을 거짓 선지자로 고소할 빌미를 원했다.

한편, 예수님을 음해하기 위해 공모하는 그 자리에 니고데모도 있었다. 니고데모는 산헤드린 공회의 종교 지도자 72명 중 1명이었다. 동시에 그는 예수님이 하나님께로부터 왔다고 믿었다. 그런 그가 예수님을 대변해 줄까? 그의 믿음이 행동으로 이어질까? 필시 그는 다른 사람이 예수님을 대변해 주기를 원했을 것이다. "예수님을 믿는 사람은 나 말고도 많지 않은가?" 믿음을 공개했을 때 따를 대가를 생각하면 섣불리 행동하기가 어려웠을 것이다. 하지만 51절을 보면 니고데모는 결국 용기를 내어 예수님을 옹호한다.

> 우리 율법은 사람의 말을 듣고 그 행한 것을 알기 전에 심판하느냐?

니고데모는 비록 믿는 바를 과감하게 표현하지는 못했지만 밥줄과 평판을 걸고 공개적으로 예수님을 변호한다. 더 이상 믿음을 속으로만 간직하고 있을 수 없었다. 직장과 관계와 재정적인 미래가 위험에 빠질 줄 뻔히 알면서도 목소리를 내었다. 그리고 그 순간, 니고데모는 단순한 팬의 길을 떠나 제자의 길로 접어들었다.

니고데모가 예수님을 변호하자 산헤드린 공회의 다른 일원들은 다음 52절에서처럼 반응한다.

... 너도 갈릴리에서 왔느냐?

별로 심각하지 않는 말처럼 들리는가? 그렇지 않다. 갈릴리는 보잘것없는 작은 마을이었다. 이 마을 출신이라는 사실은 전혀 자랑거리가 못되었다. 심지어 "갈릴리에서 무슨 선한 것이 나오겠느냐?"라는 조롱조의 표현도 있었다. 예수님의 출신을 비웃었던 산헤드린 공회가 이번에는 니고데모에게 같은 공격을 퍼붓는다. 동료들이 니고데모의 자존심을 긁는다. 그가 힘겹게 쌓아 온 종교적 명성이 와르르 무너질 위기에 처했다. 그의 믿음이 진짜인지 판가름이 나는 순간이었다.

믿음의 길을 걷는 사람이라면 누구나 이런 기로에 서게 된다. 팬의 길과 제자의 길 중에서 선택해야 할 때가 온다. "너도 갈릴리에서 왔느냐?" 이 한마디에 아무런 대가 없이 예수님을 따를 수 있다는 희망은 사라져 버린다.

요한복음의 끝 무렵에 니고데모가 다시 한 번 잠깐 등장한다. 요한복음 19장에서는 예수님이 십자가에 못 박혀 돌아가시고 장례식 준비가 한창이다. 그때 니고데모가 "몰약과 침향 섞은 것을 백 리트라쯤" 가지고 온다. 몰약과 침향은 보통 비싼 물건이 아니다. 하지만 니고데모는 단순히 돈 이상의 것을 희생했다. 이제는 예수님을 향한 애정을 더 이상 숨길 수 없게 되었다.

모두가 예수님을 버리거나 두려워 숨었을 때 니고데모는 예수님을 향한 사랑과 헌신을 드러냈다. 어두운 밤에 말로만 표현되었던 믿음이 전적으로 새로운 차원으로 성장했다. 니고데모는 더 이상 숨은 팬이 아니었다. 그는 이제 제자로 거듭났다. 이것으로 니고데모에 관한 성경의 기록은 끝이 난다. 하지만 기독교 전승에 따르면 그는 1세기의 어느 날 순교했다고 한다. 어둠 속에서만 예수님을 믿어 왔는가? 이제 예수님은 당신을 빛 가운데로 초대하신다. 당당히 드러내고서 그분을 따르는 것이 어떤가?

chapter 2

지식인가? 친밀함인가?

반쪽짜리 마음으로는 어림도 없다

성경을 보면 바리새인이라는 종교 지도자들이 등장한다. 바리새인들은 하나님에 관한 지식에서 타의 추종을 불허했다. 그 당시에 '성경 퀴즈 대회'가 있었다면 보나마나 그들이 상품을 휩쓸었을 것이다. 그들은 하나님에 '관해' 모르는 게 없었다. 하지만 정작 하나님을 알지는 못했다.

마태복음 15장 8절에서 예수님은 이러한 바리새인들에 관해 가혹한 평가를 하셨다.

> 이 백성이 입술로는 나를 공경하되 마음은 내게서 멀도다.

이보다 더 팬을 정확히 표현한 말도 찾아보기 힘들다. 바리새인처럼 팬도 머리로는 하나님을 열심히 연구하지만 그분께 마음을 드리지는 않는다. 하나님에 관한 지식은 넘쳐 나지만 하나님을 진정으로 알지는 못한다. 지식과 친밀함, 이것이 팬과 제자를 가르는 결정적인 차이점 중 하나이다. 누가복음 7장에서 예수님은 한 바리새인의 저녁 만찬에 초대를 받으셨다. 그 바리새인의 이름은 '시몬'이었다. 필시 시몬은 예수님의 가르침이 끝난 뒤에 그분을 초대했을 것이다. 얼핏 시몬이 예수님을 존경해서 만찬회에 초대한 것처럼 보인다. 하지만 조금만 더 살펴보면 시몬은 존경심이 아니라 관례상 예수님을 초대한 게 분명하다.

그 당시의 이런 만찬회에는 몇 가지 중요한 에티켓이 있었다. 예를 들어, 귀빈이 오면 입맞춤으로 환영하는 것이 관례였다. 손님의 사회 계급이 자신과 동등하면 뺨에 입을 맞추었다. 특별히 귀한 손님이라면 손에 입을 맞추었다. 인사할 때 입맞춤을 빼먹는 것은 노골적인 무시이다.

1세기 중동 지방의 또 다른 에티켓은 발을 씻는 것이다. 식사 전에는 반드시 발을 씻어야 했다. 그런데 정말 귀한 손님이 찾아오면 주인이 직접 발을 씻겨 주었다. 그렇지 않으면 종을 시켜 손님의 발을 씻기게 했다. 반가운 손님이 아니라 해도 최소한 발 씻을 물은 주어야 했다.

정말 귀한 손님을 위해서는 머리에 부을 기름도 제공했다. 하지만 예수님은 시몬의 집에서 입맞춤의 환영을 받지 못하셨다. 발을 씻어 주는 과정도 없었다. 머리에 부을 기름도 없었다.

시몬은 평생 성경을 연구해 왔다. 12세에 성경의 처음 열두 권을 완벽히 암송했다. 15세에는 구약 전체를 줄줄 외웠다. 세상에 임할 메시아에 관한 300개 이상의 예언을 토씨 하나 틀리지 않고 읊을 수 있었다. 하지만 정작 그는 눈앞에 앉아 계신 메시아를 알아보지 못했다. 그는 예수님에 관해서는 모르는 게 없었지만 정작 예수님을 알지는 못했던 것이다. 안타까운 노릇이다.

지식과 친밀함을 혼동하지 말라

팬인가 제자인가 진단하기 2 예수님에 '관해서' 아는가? 아니면 예수님을 '진정으로' 아는가?

팬은 지식과 친밀함을 혼동한다. 교회 안에는 팬이 수두룩하다. 교회의 교육 방식이 지식만을 쌓아 줄 뿐 친밀한 관계는 만들어 주지 못하기 때문이다.

오해하지 말라. 하나님 말씀을 공부하는 시간은 더없이 귀하다. 예수님도 구약성경을 수없이 인용하셨다. 이는 그분이 그만큼 열심히 성경을 공부하셨다는 증거이다. 문제는 지식 자체가 아니다. 지식만 있고 친밀한 관계는 없는 상태가 문제이다. 사실, 상대방에 관해 잘 안다고 해서 반드시 상대방과 친하다고는 말할 수 없다. 물론 친밀한 관계일수록 서로에 관해 많이 알아야 하는 것은 사실이다.

하지만 친밀함은 없고 지식만 있는 경우가 너무도 많으니 문제이다. 내가 아내와 친밀하다는 증거 중 하나는 아내에 관해 잘 안다는 것이다. 나는 아내가 사용하는 샴푸와 아내가 좋아하는 초밥의 종류를 알고 있다. 어떻게 하면 아내를 웃거나 울게 할 수 있는지도 안다. 따라서 지식은 친밀함의 일부이다. 하지만 지식이 있다고 해서 꼭 친밀함이 있는 것은 아니다.

깊은 차원의
앎이 있다

아마도 성경에서 친밀한 관계를 가장 잘 표현한 말은 '알다'일 것이다. 하지만 이 앎은 단순한 지식보다 더 깊은 차원의 앎을 의미한다. 성경은 창세기 4장 1절의 관계에 대해 이 단어를 처음 사용한다.

> 아담이 그 아내 이브를 알았다(KJV 성경).

여기서 "알았다"에 해당하는 히브리어는 '야다'(yada)이다. '야다'는 다음과 같이 정의하는 것이 가장 정확하다. '서로를 완전히 아는 것'이 그 뜻이다.

하지만 NIV 성경은 배경 상황을 반영하여 창세기 4장 1절의 '야다'를 약간 다르게 번역하고 있다.

> 아담이 그의 아내 하와와 동침하매.

그림이 그려지는가? '야다'는 가벼운 관계가 아니라 남편과 아내가 지극히 친밀한 관계를 나누는 것이다. 이는 모든 차원에서 깊은 연합이 이루어지는 것이다. 서로를 완전히 알아가는 것이다. 이 아름다운 그림을 통해 우리는 그리스도를 아는 것의 진정한 의미를 가늠해 볼 수 있다.

성경의 어떤 부분에서 성관계에 대해 사용된 단어들은 육체적 행위를 지칭한다. 하지만 창세기 4장의 단어는 '알다'를 의미하는 히브리어 '야다'이다. 이 '야다'는 단순한 지식을 넘어서는 앎을 의미한다. 가장 친밀한 연합을 의미한다. 한 히브리어 학자는 이 단어를 "영혼의 뒤엉킴"으로 정의한다. '야다'는 지식을 넘은 친밀함을 말한다.

'알다'로 번역되는 이 단어는 남녀 사이의 친밀함을 표현할 때 사용된다. 남녀는 서로를 '야다'한다. 하나님은 우리에게서 바로 이런 종류의 앎을 원하신다.

남편과 아내의 연합을 지칭하는 표현이 하나님과 우리 사이의 앎에 대해서도 똑같이 사용된다. 이 사실을 알고 나서 나는 예수님과의 관계를 바라보는 눈이 달라졌다. 예수님이 제자로서 내게 무엇을 원하시는지 알게 되었다. 예수님에 '관해서만' 안다고 해서 제자가 아니다. 이제는 예수님을 친밀하게 알아야 제자라는 사실을 이해하게 되었다.

예수님께
친밀한 애정을 표현했던 여인

누가복음 7장의 바리새인 시몬은 예수님에 관해서는 알았지만 그분을 진정으로 알지는 못했다. 그의 마음은 예수님에게서 멀어져 있었다. 그는 눈앞의 랍비가 자신이 평생 연구해 온 약속의 메시아라는 사실을 알아채지 못했다.

누가는 예수님이 이 바리새인의 집에서 식사를 하시던 중 한 여인이 찾아왔다고 말한다. 아마도 사람들은 서로를 훤히 볼 수 있는 안마당에서 식사를 했을 것이다. 그런데 느닷없이 초대받지 않은 손님이 찾아오면서 분위기가 어색해진다. 이 순간의 긴장감을 제대로 느끼려면 이 불청객이 그냥 여인이 아니었다는 사실에 주목해야 한다. 37절을 보면 그 여인은 "죄를 지은 여자"이다. 더 정확히 말하면 그녀는 마을 사람이 다 아는 창녀이다. 하지만 필시 그녀는 이미 예수님의 가르침을 듣고 마음의 변화를 받은 상태였을 것이다.

그녀는 예수님을 다시 보고싶은 마음이 간절하다. 그런데 예수님이 시몬이라는 바리새인의 집에서 저녁식사를 하고 계신다는 소문이 들린다. 바리새인과의 저녁이라니! 창녀는 죽었다 깨어나도 초대받을 수 없는 자리다. 물론 평소 같으면 창녀도 그런 자리에 관심조차 없을 것이다. 경멸이 담긴 바리새인의 시선만 받아도 고개를 들지 못할 것이다. 그러니 시몬 같은 사람의 근처에는 얼씬도 하지 않는 것이 그녀에게도 이롭다. 하지만 이번만큼은 어쩔 수 없다. 예수님을 꼭 만나야 하기 때문이다.

창녀가 바리새인의 집 마당으로 들어가기란 여간 곤혹스러운 일이 아니다. 하지만 지금 그녀의 눈에는 예수님 외에 아무것도 보이지 않는다. 창피함 따위는 생각하지도 않는다. 어떻게든 예수님을 향한 애정을 표현하고 싶은 마음뿐이다. 그래서 여자는 무모하고 충동적이고 부적절해 보이는 행동을 한다. 하지만 그 행동이야말로 예수님이 제자에게 원하시는 행동이다.

그 현장을 머릿속에 그려 보라. 예수님이 탁자에 몸을 기대어 계신다. 다들 의자에 앉지 않고 쿠션을 댄 팔걸이에 기대어 있다. 사람들의 발은 탁자에서 떨어져 있다. 그때 여인이 다가와 예수님의 먼지 묻은 발 앞에 선다. 순간, 장내가 쥐 죽은 듯이 조용해진다. 모든 시선이 쏠린다. 다들 여인이 누구인지를 잘 알고 있다. '저 더러운 창녀가 여기서 뭘 하고 있는 거야?' 여인이 주위를 둘러본다. 익숙한 경멸의 눈빛이 사방에서 자신을 노려본다. 여인을 보기 싫어 아예 두 눈을 감은 사람도 있다.

  하지만 예수님의 눈빛을 보니 자신의 마음속에서 벌어진 일을 이미 알고 계신 듯하다. 그분의 얼굴에는 따스한 미소가 가득하다. 예수님만큼은 자신을 반기시는 듯하다. 예수님은 사랑하는 딸을 바라보는 인자한 아버지의 눈빛으로 자신을 바라보고 계신다. 자신을 그렇게 바라보는 남자는 여태껏 한 명도 없었다. 그 눈빛에 마음이 녹아내려 눈물이 흐르기 시작한다. 처음에는 몇 방울만 떨어진다. 어느 순간, 여인은 땅바닥에 엎드려 예수님의 발에 입을 맞추기 시작한다. 어느 새 여인의 얼굴은 온통 눈물바다이다. 눈물이 폭포수가 되어 예수님의 먼지 묻은 발을 적신다.

　먼지가 묻은 발을 보고서야 여인은 아무도 예수님의 발을 씻어 주지 않았다는 사실을 알아챈다. 여인은 수건을 요청할 수 없다. 그래서 자신의 머리카락을 푼다. 당시의 여인네들은 반드시 머리카락을 묶고 밖으로 나갔다. 여자가 외간 남자 앞에서 머리카락을 풀어 헤치면 추파를 던지는 행위로 간주되어 이혼을 당해도 할 말이 없었다. 이 창녀가 예수님 앞에서 머리카락을 풀자 곳곳에서 침 삼키는 소리가 들린다. 여인은 눈물로 예수님의 발을 씻고 머리카락으로 닦아 낸다.

　이어서 누가는 여인이 향유를 담은 옥합을 가져왔다고 말한다. 이 향유는 여인의 목 주위에 바르는 일종의 향수였을 가능성이 높다. 짐작했을지 모르겠지만 여인의 직업상 향수는 매우 중요한 물건이다. 하루에 한 방울만 뿌려도 수많은 남자를 상대할 수 있었을 것이다. 하지만 지금 그 귀한 향수를 통째로 붓고 있다. 여인은 향수, 아니 자신의 삶 전체를 예수님의 발에 붓고 몇 번이고 입을 맞춘다. 이야기의 끝 부분에서 예수님이 시몬에게 말씀하신다.

> 이 여자를 보느냐 내가 네 집에 들어올 때 너는 내게 발 씻을 물도 주지 아니하였으되 이 여자는 눈물로 내 발을 적시고 그 머리털로 닦았으며 너는 내게 입맞추지 아니하였으되 그는 내가 들어올 때로부터 내 발에 입맞추기를 그치지 아니하였으며 너는 내 머리에 감람유도 붓지 아니하였으되 그는 향유를 내 발에 부었느니라(눅 7:44-46).

결국 모든 지식을 갖춘 종교 지도자는 팬이었고 예수님께 친밀한 애정을 표현했던 창녀는 제자로 판명이 났다. 이제 자신에게 물어보자. 나는 이 이야기에서 어떤 인물에 가까운가?

누가복음 7장의 여인처럼 예수님과 친밀한 시간을 보낸 적이 있는가? 예수님 앞에 자신을 완전히 쏟아낸 적이 있는가? 눈물을 흘리며 예수님께 사랑의 표현을 해 본 적이 있는가? 창피를 무릅쓰고 예수님께 애정을 표현해 본 적이 있는가? 다시 말해, 예수님에 관해서가 아니라 예수님을 진정으로 알고 있는가?

chapter 3

많은 애인 중 한 명? 단 하나뿐인 애인?

대가를 제대로 알고 시작하라

누가복음 14장에서 예수님은 또다시 DTR 대화를 나누신다. 단, 이번 대화의 현장은 야심한 밤의 그늘 밑이나 저녁 식탁 주변이 아니다. 이번에는 예수님이 온 무리를 향해 말씀하신다.

이즈음 예수님이 절름발이를 걷게 하고 눈먼 자를 보게 하고 장례 행렬을 가족 상봉의 장으로 바꿔 놓았다는 소문이 파다하게 퍼져 있었다. 사방에서 사람들이 몰려와 언덕을 가득 메웠다. 열광적인 팬으로 꽉 찬 대형 스타디움의 열기를 상상하면 정확할 것이다.

예수님의 관심사는 헌신의 깊이다

일단 예수님의 표정은 좋아 보인다. 기적을 구경하러

온 사람이 거의 대부분이지만 별로 개의치 않으신다. 사람들은 저마다 팝콘을 들고 프로그램이 시작되기만을 기다리고 있다. 예수님은 별난 랍비에 관한 호기심으로 찾아온 사람들을 반겨 주신다. 하지만 이윽고 관계에 관해 이야기할 시간이 오고야 만다. 예수님은 이 사람들이 예수님과 어떤 관계를 맺기를 원하는지 알고 싶으시다. 그분의 관심사는 무리의 숫자가 아니라 헌신의 깊이였다.

이 사람들이 단지 기적과 치유의 장면을 구경하려고 왔는가? 그저 힘이 되는 말씀 몇 마디를 듣고자 왔는가? 이제 무리는 두 부류로 나뉘게 된다. 팬과 제자로 구분된다.

예수님이 자신을 졸졸 따라다니는 거대한 무리에게 말씀하신다.

> 수많은 무리가 함께 갈새 예수께서 돌이키사 이르시되 무릇 내게 오는 자가 자기 부모와 처자와 형제와 자매와 더욱이 자기 목숨까지 미워하지 아니하면 능히 내 제자가 되지 못하고(눅 14:25-26).

도무지 교회를 키우려는 마음이 없어 보인다. 다음과 같아야 옳은 게 아닌가?

> 수많은 무리가 함께 갈 때 예수께서 돌아보며 이르시되 정말 많이도 모였군. 다들 친구를 1명 이상 전도해서 오늘밤 축제로 데려 왔으면 좋겠다. 오늘밤 쟁쟁한 초대 가수도 올 것이다. 떡과 물고기도 충분히 준비했다. '물을 포도주로 바꾸는' 쇼도 진행할 계획이다. 누구든 친구를 가장 많이 데려온 사람은 무료 입장권을 주겠다. 이 언덕을 꽉 채우자!

하지만 예수님은 그분을 따르려면 가족, 심지어 자신의 목숨까지도 미워해야 한다고 말씀하신다.

이 무슨 해괴한 말씀인가? 듣도 보도 못한 말씀이다. 필시 이 말씀에 많은 팬이 짐을 챙겨 집으로 돌아갔을 것이다. 방금 전까지만 해도 재미있었지만 이것은 아니다.

그렇다면 예수님을 따르려면 정말로 자신의 할머니를 미워해야 한단 말인가? 아무리 생각해도 가족을 미워하라는 가르침은 예수님의 다른 가르침과 정면으로 배치된다.

예수님은 왜 그리 난폭한 표현을 서슴지 않으셨을까? 가족이 예수님을 따르지 못하도록 방해한다면 가족에게 등을 돌리는 한이 있더라도 그분을 따라야 한다는 뜻으로 하신 말씀일까?

예수님보다 가족을 더 사랑해서는 안 된다

군중 앞에 선 예수님은 그분을 따르는 대가를 숨김없이 솔직히 말씀해 주신다. 그분을 따르면 부모나 조부모에게 뺨을 맞을 수도 있다. 호적에서 이름이 파지는 낭패를 당할 수도 있다. 나는 부모의 마음을 아프게 할 수 없어 예수님을 따르지 못하겠노라 말하는 사람을 수없이 보았다. 어떤 이들은 할머니가 세상을 떠난 뒤에 교회에 나오겠다고 했다. 쓸데없는 소란을 일으키느니 때를 기다리는 편을 선택한 것이다.

예수님이 바로 당신을 겨냥하여 말씀하신 것처럼 들리

는가? 당신의 아버지가 허락하시지 않을 게 뻔하다. 험악한 얼굴로 당장 나가라고 호통을 치실 것이다. 형제자매도 슬픈 표정을 지으며 당신과 거리를 둘 것이다. 남자친구 혹은 여자친구도 당장 이별을 선언할지 모른다. 친구들이 광신에 빠졌다며 뒤에서 숙덕거릴 것이다. 남편 혹은 아내가 이혼 서류를 내밀지 모른다. 그래서 예수님은 굳은 표정으로 말씀하신다. "그러니까 각오해야 한다. 나 보다 가족이 더 중요하다면 아직 나를 따를 준비가 되지 않았다. 시간 낭비하지 말고 어서 짐을 싸서 돌아가라."

"미워하다"는 '무엇인가를 아주 싫어하다' 혹은 '강한 적개심을 품다'라고 정의할 수 있다. 예수님이 이런 의미에서 가족을 '미워'하라고 하신 것은 아닐 터이다. 만약 그런 뜻으로 말씀하신 것이라면 이 주제에 관한 성경의 다른 모든 가르침은 실없는 소리가 되어 버린다. 예수님은 이웃을 자신처럼 사랑하는 것이 가장 큰 계명 중 하나라고 말씀하셨다. 그리고 가족은 우리의 가장 가까운 이웃이다. 누가복음 14장 26절을 NLT(New living translation) 성경으로 보자.

> 내 제자가 되려면 너희 아비와 어미, 아내와 자식, 형제자매보다도 나를 더 사랑해야 한다.

NIV 성경의 "미워하라"(hate)를 NLT는 "나를 더 사랑하라"(love me more)라고 번역했다. 이 두 번역을 합쳐야 예수님이 제자에게서 무엇을 원하시는지 정확히 이해할 수 있다. 일단, 예수님은 "나를 더 사랑하라"라는 뜻으로 말씀하신 것이다. 이어서 "미워하라"라는 표현은 예수님을 어느 정도까지 더 사랑해야 하는지를 말해 준다. 우리 안에서 여러 사랑이 첫 번째 자리를 놓고 치열한 경쟁을 벌이고 있다고 해 보자. 예수님, 배우자, 자녀, 친구, 형제가 출발선에 쭉 늘어서 있다. 이 경주에서 예수님이 1등으로 들어오면 끝일까?

그렇지 않다. 예수님이 원하시는 것은 우리 인생의 첫 번째 자리를 위한 경주의 트랙에서 그분 홀로 달리시는 것이다. "네 인생의 첫 번째 자리에 앉고 싶구나." 아니다. 예수님은 "두 번째 자리는 아예 만들지도 말아야 한다"라고 말씀하신다. 다른 모든 관계는 예수님과의 관계와 비교 대상조차 되지 말아야 한다.

팬은 예수님을 여러 애인 중 한 명으로 생각한다. 그중 좀 나은 팬은 예수님을 여러 애인 중 가장 아끼는 애인으로 삼기도 한다. 하지만 예수님은 어떤 관계를 원하시는지 분명히 못을 박으셨다. 그분은 우리의 단 하나뿐인 애인이 되고자 하신다.

예수님의 사랑을 빼앗는 것들

팬인가 제자인가 진단하기 3 예수님은 여러 애인 중 한 명인가? 아니면 하나뿐인 애인인가?

특별한 사람과 DTR 대화를 나눈다고 상상해 보라. 결혼한 사람이라면 남편이나 아내를 생각하면 되겠다. 당신

이 애정이 듬뿍 담긴 시선으로 배우자를 바라보며 로맨틱한 고백을 한다. "여보, 내 마음은 영원히 당신의 것이오. 평생 당신과 함께하겠소." 감동한 배우자가 애정 어린 고백으로 화답한다. "나도 당신을 사랑해요. 평생 당신에게 헌신하겠어요. 우리, 앞으로 더 깊이 사랑하며 살아요. 단, 딱 하나 조건이 있어요. 계속해서 다른 사람과도 연애하고 싶어요."

바로 이것이 팬이 예수님께 하는 말이다. "예수님, 당신을 사랑해요. 당신께 헌신하겠어요. 단, 저를 구속하지는 마세요."

이번에는 당신이 DTR 대화를 나눈 뒤 여자친구의 사진을 지갑에 넣고 다닌다고 하자. 이제부터 지갑을 열면 여자친구의 사진이 가장 먼저 눈에 들어온다. 지갑을 열자마자 자신의 사진이 나타나면 여자친구가 얼마나 행복해 할까? 하지만 그 사진 밑에 당신이 지금까지 사귀었던 여자들의 사진이 순서대로 깔려 있다고 해 보자. 그 사실을 알면 여자친구의 표정이 어떻게 일그러질까? 애인은 단 1명이어야 한다. 여러 애인 중에 첫 번째 애인은 무의미하다. 마찬가지로 예수님은 다른 누구와도 우리의 사랑을 나눌 생각이 없다고 분명히 말씀하신다. 그분을 따르려면 절대 한눈을 팔지 말고 전심으로 따라야 한다.

당신에게 몇 가지 질문을 하고 싶다. 이 질문들은 당신에게 예수님이 여러 애인 중 1명인지 하나뿐인 애인인지를 판단할 수 있게 해 준다. 가볍게 넘어갈 질문이 아니기 때문에 시간을 두고 천천히 고민해 보기를 바란다. 펜을 들어 각 질문 아래의 여백에 답을 써 보라. 이 질문에 성심껏 답하면 무엇이 예수님에게서 당신의 사랑을 빼앗고 있는지 확인할 수 있다.

1. 무엇을 위해 돈을 쓰는가? 성경은 "너희 보물 있는 곳에는 너희 마음도 있으리라"라고 말한다. 시간과 돈을 쓰는 모습을 보면 마음이 무엇을 따르고 있는지 여실히 드러난다. 예수님이 무엇보다도 돈 얘기를 자주 꺼내신 것은 돈이 예수님의 경쟁 상대로 떠오를 때가 그만큼 많기 때문이다. 예수님보다 돈, 그리고 돈으로 살 수 있는 것을 좇는 사람이 얼마나 많은지 모른다.

2. 힘들 때는 어디에서 위로를 얻는가? 삶이 고달플 때 누구 혹은 무엇에 의지하는가? 부모나 배우자인가? 냉장고에 가득한 먹을거리가 위로를 주는가? 아니면 시름을 잊고자 일에 파묻히는가? 이 모든 것이 예수님의 경쟁 상대가 될 수 있다. 가족과 친구에게서 위로를 얻는 것은 아무런 문제가 없다. 하나님은 원래 우리를 서로 위로하는 존재로 창조하셨다. 문제는 그들이 예수님을 대신하느냐 하는 것이다.

3. 어느 때 가장 화가 나거나 짜증이 나는가? 언제 불같이 화를 내는지를 보면 무엇을 가장 중시하는지 알 수 있다. 실직처럼 심각한 상황일 수도 있고 야구 경기가 패했을 때 같은 사소한 상황일 수도 있다. 그런데 세상적인 것 때문에 하루를 망칠 정도라면 그것을 필요 이상으로 중요하게 여기는 것이다. 물론 실망스러운 일을 겪으면 화가 나는 것은 인지상정이다. 하지만 과도하게 화를 낸다면 그 화의 대상이 그리스도의 자리를 넘보고 있다는 증거이다.

4. 어느 때 가장 신이 나는가? 최근에 텔레비전에서 대학

축구 경기를 보는데 12세의 딸이 들어와 말했다. "아빠가 이렇게 신난 모습은 처음 봐요." 딸아이는 내가 새신자들에게 세례를 베푸는 모습을 보았다. 동생이 태어날 때나 자신과 놀러 갈 때의 내 표정도 보았다. 하지만 내가 대학 축구 경기를 볼 때처럼 신이 난 모습은 처음 보았단다. "아뿔싸."

우리를 실망시키는 대상 못지않게 우리를 흥분시키는 대상도 예수님의 경쟁 상대일 수 있다. 스포츠, 미술, 음악, 일, 외모 등 이 모두가 하나님으로부터 우리의 마음을 훔쳐 가는 주범이 될 수 있다.

공산 정권 시절 루마니아에서 교회를 이끌었던 존 오로스(John Oros)는 메노나이트연합성경신학교 강연에서 '진정한 제자의 길'을 이야기했다.

> 공산 정권 시절 우리가 설교를 하면 … 예배가 끝나고 사람들이 찾아와 너도나도 그리스도인이 되겠다고 나섰지요. 그러면 우리는 이렇게 말했습니다. '그리스도인이 되겠다니 참 잘되었습니다. 하지만 그러기 위해 치러야 할 대가가

있다는 것을 알아야 합니다. 곤혹을 치를 수도 있으니 잘 생각해서 결정을 내리세요. 많은 것을 잃을 수 있습니다. 아주 큰 것을 잃을 수도 있지요.'

존은 그들 중 많은 사람이 예수님을 따르겠다는 결정의 의미를 제대로 알기 위해 3개월의 교육을 받기로 했다고 말한다.

교육이 끝나면 많은 사람이 세례를 받겠다고 말했습니다. 그때마다 나는 이렇게 말했지요. '그리스도인이 되겠다니 참 좋습니다. 하지만 여러분이 고백을 하면 이곳에 있는 첩자들이 여러분의 이름을 적을 것입니다. 그러면 내일부터 삶이 고단해지겠지요. 대가를 따져 보아야 합니다. 기독교는 편한 길이 아닙니다. 대가가 결코 만만치 않습니다. 좌천될 수도 있습니다. 직장을 잃을 수도 있고요. 친구들이 등을 돌릴 것입니다. 이웃들이 멀어질 것입니다. 자식을 잃을 수도 있습니다. 심지어 목숨을 걸어야 할 수도 있어요.'

존은 자신의 전부를 걸고서 예수님을 따를 수 있는 사람들을 원했다.

여느 교회에서 들을 수 있는 초대의 메시지와는 사뭇 다르지 않은가? 보통은 설교가 끝나면 설교자가 이렇게 말한다. "다들 고개를 숙이고 두 눈을 감으세요. 그리스도인이 되고 싶은 분은 손만 드세요. 저기 손을 드신 분이 계시네요. 저기도 있고요…." 하지만 예수님은 반드시 대가를 따져 보라고 말씀하신다.

예수님을 따르면 전부를 잃을 수도 있다. 그래도 따르겠는가?

chapter 4

율법인가? 은혜인가?

종교 활동을 잘한다고 될 일이 아니다

마태복음 23장에서 예수님은 종교 지도자라는 팬들을 향해 말씀하신다. 이 종교 지도자들은 분명 제자처럼 보였다. 그들은 성경에 관해 모르는 게 없는 신학 전문가들이었다. 특히 율법 준수에서는 타의 추종을 불허했다. 하지만 종교 규칙은 예수님이 가장 중시하시는 표적이 아니다. 종교 규칙을 잘 따르면 외향은 그럴듯해진다. 하지만 예수님의 관심은 사람의 속에 있다. 안타깝게도 이 종교 지도자들의 속은 겉만 못했다. 사실, 대부분의 팬이 그러하다.

마태복음 23장은 예수님이 이 땅에서 마지막으로 전하신 설교 중 하나를 기록하고 있다. 이것이 바로 이 종교 지도자들을 직접적으로 겨냥한 설교이다. 이 설교에서 예수님의 어조는 거침이 없다. 예수님을 스웨터 조끼를 입고 늘 사람 좋은 미소만 보이는 이웃집 아저씨처럼만 생각했다면, 이 종교 지도자들을 향한 예수님의 강한 어조에 꽤 놀랄 수도 있다.

이 설교에서 예수님은 7번이나 "화 있을진저"라고 말씀하신다. 그리고 매번 "화 있을진저"라는 말에 이어 가차 없는 꾸지람을 퍼부으신다. 단순히 예수님은 종교 지도자들에게 경고를 하시는 게 아니다. 이는 호된 꾸지람이다. 그렇다. 규칙을 따르는 것이 곧 예수님을 따르는 것이라는 생각은 심각한 착각이다. 이 종교 지도자들처럼 종교 규칙만 잘 따르면 제자인 줄 아는 팬들은 예수님께 거친 쓴소리를 들어 마땅하다.

바리새인 팬클럽과
사두개인 팬클럽

마태복음 23장에서 예수님께 혼이 난 종교 지도자들은 산헤드린 공회라는 72인 종교 지도부의 구성원들이었다. 이 산헤드린 공회 안에는 사두개인과 바리새인이라는 두 부류가 존재했다.

이 두 집단은 늘 서로를 향해 으르렁거렸다. 사두개인

들은 성경을 매우 자유롭게 해석했으나 바리새인들은 꽤 보수적이었다. 사두개인들은 대제사장과 장로의 역할을 맡았다. 사두개인은 타고나야 했다. 물론 다른 조건도 있었지만 태생이 기본 조건이었다. 하지만 바리새인은 집안과 상관없이 노력만으로 될 수 있었다. 단, 바리새인이 되기 위한 서지학과 신학 훈련은 상상을 초월했다. 내 경험으로 볼 때 대부분의 팬이 이 두 부류 중 하나에 속한다.

사두개인과 같은 팬들이 있다. 그들의 믿음은 태생적이다. 스스로 선택한 게 아니다. 부모에게 물려받아 그리스도인처럼 말하고 행동하고 기독교 음악을 들으며 자랐지만 예수님과 사랑에 빠진 적은 없다. 마음으로 믿지는 못하고 부모의 얼굴에 먹칠을 할 수 없어 믿는 척만 하고 있다.

그런가 하면 바리새인과 같은 팬들도 있다. 그들은 얼마나 열심히 율법을 배우고 실천하느냐에 따라 믿음을 저울질한다.

종교 자격증을
과시하지 말라

팬인가 제자인가 진단하기 4   안보다 밖에 더 신경을 쓰고 있는가?

이 종교 지도자들의 결정적인 문제점은 위선이다. 나만의 추측이 아니라 예수님은 실제로 그들의 면전에 대고 위선자라 부르셨다. '위선자'(hypocrite)란 단어는 고대 그리스의 극장에서 비롯됐다. 당시는 보통 배우 1명이 여러 배역을 연기했으며 배역마다 다른 가면을 썼다. 배역이 바뀔 때마다 가면을 바꾸어 썼다. 이렇게 배우가 매번 다른 가면을 쓰니 관객들은 배우의 진짜 얼굴을 알 수가 없었다. 배우의 얼굴은 언제나 가면 뒤로 철저히 감추어져 있었다. 그런데 유대 종교지도자들은 사람들의 시선에 연연한다. 하지만 사람들이 보는 것은 그들의 가면일 뿐 진짜 모습은 아무도 알 수 없다. 예수님은 5절에서 이 점을 꼬집으신다.

그들의 모든 행위를 사람에게 보이고자 하나니.

한때 위선의 달인이었던 사람으로서 말하건대 분간하기 힘들 정도로 연기를 잘하는 팬들이 더러 있다. 가히 오스카상을 받아 마땅한 사람들이다. 마태복음 23장의 설교에서 예수님은 먼저 그 현장에 있는 종교 지도자들을 겨냥하여 말씀하신다.

> 이에 예수께서 무리와 제자들에게 말씀하여 이르시되 서기관들과 바리새인들이 모세의 자리에 앉았으니 그러므로 무엇이든지 그들이 말하는 바는 행하고 지키되(1-3절).

혹시 예수님이 이 대목에서 잠시 말씀을 멈추시지 않았을까? 그리고 그 짧은 틈에 바리새인들의 머릿속에 이런 생각이 스치고 지나가지 않았을까? '이제야 옳은 말을 하는군. 진작 우리 편으로 넘어올 것이지. 마침내 우리를 권위자로 인정하는군.'

하지만 말은 언제나 끝까지 들어봐야 한다.

> 그들이 하는 행위는 본받지 말라 그들은 말만 하고 행하지 아니하며(3절).

예수님은 이 선생들이 자신도 행하지 않는 것을 가르친다고 진단하신다.

이 종교 지도자들은 예수님이 가장 싫어하는 형태의 팬이다. 이들은 식당에서 주위를 둘러봐서 보는 눈이 있으면 기도하는 팬이다. 극장에서는 야한 영화를 보지 않지만 집 컴퓨터에는 음란한 영상을 잔뜩 저장해 놓은 팬이다. 헐벗고 굶주린 사람을 돕고 나서 만나는 사람마다 자랑을 늘어놓는 팬이다. 아는 사람이 많은 교회에서는 헌금을 하지만 모르는 걸인에게는 눈길도 주지 않는 팬이다. 내심 남들이 자신보다 못하기를 바라고 남들이 실패하면 은근히 기뻐하는 팬이다. 남들에게 자랑하기 위해 자식을 잘 키우려는 팬, 이 글을 읽고서 남 얘기라고 생각하는 팬, 하도 오래 가면을 쓰고 살아서 자신이 가면을 쓴 지도 모르는 팬들이다.

예수님은 종교적 자격증으로 남들에게 과시하려는 팬들을 호되게 꾸짖으셨다. 하지만 이 종교 지도자들에게는 그토록 심한 말을 퍼부으셨던 예수님이 비록 겉은 부족해도 진심을 내보이는 사람들에게는 더없이 온화하고 상냥하게 다가가셨다는 사실을 아는가? 그렇다고 오해해서는 안 된다. 예수님이 제자들에게 완벽을 기대하시는 것이 아니다. 예수님이 원하시는 것은 바로 진정성이다.

나는 매주 우리 교회에 새로 나온 사람들과 마주 앉는다. 주일이면 어김없이 둘에서 스무 남짓의 새 얼굴이 내 앞에 앉는다. 저마다 사연을 품고 있다. 나는 늘 그 사연에 귀를 기울이고 기도를 해 준다. 그런데 그들은 보통 두 부류로 나뉜다. 평생 교회와 하나님 근처를 배회한 사람들이 있다. 그들은 종교 규칙을 잘 알고 있다. 어떤 말을 어떻게 해야 할지 정확히 알고 있다. 그들은 꼭 필요한 이야기만 하고 부끄러운 이야기는 절대 하지 않는다. 한마디로, 그들은 가면을 쓰고 있다.

그런가 하면 교회라는 곳을 처음 나온 사람들도 있다. 그들은 아직 규칙을 모른다. 그들의 사연은 하나같이 눈물 없이는 들어 줄 수 없는 드라마이다. 자신이나 배우자의 외도로 가정이 무너졌다는 사연이 가장 많다. 그들은 도무지 대화 '예절'을 모른다. 낯 뜨거운 사실까지 가리지 않고 다 내보인다. 자신이 저지른 끔찍한 범죄를 털어놓은 전과자, 포르노에 푹 빠져 있다는 남자들과 신용카드 빚에 허덕인다는 여자들, 자녀 문제로 골머리를 앓고 있다는 부모들, 서로가 꼴 보기 싫어 죽겠다는 부부들, 식이장애나 도박이나 마약 중독에 시달리고 있다는 사람들, 할 말 안 할 말 가리지 않고 다 하는 사람들이다.

하지만 정말 부탁인데, 제발 그들에게 예절을 가르치지 '않았으면' 좋겠다. 교회 안에서는 이렇게 행동해야 한다는 잔소리 좀 늘어놓지 말기를 바란다. 가면을 쓰지 않은 사람을 보는 것은 흔한 기회가 아니다. 그리고 가면을 벗은 모습은 얼마나 아름다운지 모른다.

정말 중요한 것을
놓치지 말라

예수님이 규칙에 얽매인 종교 지도자들에게 심한 말을

서슴지 않은 이유가 있다. 그들이 부담스러운 규칙을 강요한 탓에 사람들이 규칙만이 아니라 제자의 길에서도 떠나가고 있기 때문이었다.

나는 기독교 학교를 나왔다. 정말 좋은 학교였지만 규칙이 너무 많은 것이 흠이라면 흠이었다. 남학생은 귀 밑까지 머리를 기를 수 없었고, 여학생의 치마는 무릎 위로 2인치 이상 올라갈 수 없었다. 남학생은 깃이 달린 셔츠를 입어야 했고 여학생의 화장과 장신구에 관한 규칙도 보통 엄격한 게 아니었다. 오해는 하지 않았으면 좋겠다. 이런 규칙이 잘못되었다는 뜻은 아니다. 다 이유가 있는 규칙이고, 학교 당국과 학부모들은 좋은 뜻으로 그런 규칙을 정한 것이다.

하지만 문제는 학생들이 이런 규칙의 정신을 이해하지 못했다는 것이다. 내 친구들은 이 규칙들을 그리스도인이 되기 위한 조건 정도로만 이해했다. 그들은 짧은 머리와 깃 달린 셔츠를 그리스도인의 증거로 내세웠다. 하지만 나이가 들면서 규칙이 싫어지니까 하나둘 교회를 떠나갔다. 규칙을 따르는 것이 곧 예수님을 따르는 것이라고 착각한 탓이다.

예수님을 진정으로 따르는 사람은 마음에서 우러나와 하나님께 순종한다. 하나님이 원하시는 삶은 그분과의 관계 속에서 자연스럽게 흘러나오기 마련이다. 행동이 중요하지 않다는 뜻이 아니라 그 행동이 예수님의 제자로서 가꾸어진 내면에서 비롯된다는 말이다.

온갖 규칙을 다 지켜야 지옥에 떨어지지 않는다고 배우며 자랐는가? 온갖 종교적 전통과 의식을 준수해야 하나님이 기뻐하신다고 배웠는가? 그렇다면 필시 당신은 그리스도의 제자가 아닌 종교의 팬이 되어 있을 것이다.

나를 찾아와, 아이가 고등학교를 졸업하더니 더 이상 교회에 나오지 않는다고 하소연하는 부모가 많다. 그 부모들은 아이가 어디서부터 잘못되었는지 몰라 답답해 한다. 대개 쉬운 답은 없다. 보통 나는 그들의 이야기를 유심히 들어준 뒤 약간의 격려를 해 주고 함께 기도를 한다.

몇 달 전 텍사스 주 휴스턴에서 설교를 한 적이 있다. 설교가 끝나자 덩치가 산만한 남자가 훌쩍거리며 내게 다가왔다. 사연을 들어 보니 방탕한 딸이 대학에 가더니 교회를 완전히 등졌다는 것이었다. 처음 몇 마디를 듣자마자 후반부는 안 들어도 훤했다. 수없이 듣고 또 들은 이야기였다. 심지어 구체적인 내용도 거의 비슷하다. 하지만 그는 여느 사람과 달리 말을 마친 뒤에 문제의 원인을 묻지 않았다. 대신 그는 스스로 원인을 간략하게 정리했다.

> 딸애를 교회 안에서만 키웠지 그리스도 안에서 키우지 않은 탓입니다.

무슨 말인지 알겠는가? '딸애를 겉만 멀쩡하게 키웠지 내면에 관해서는 가르치지 못했습니다. 모든 규칙을 지키라고만 했을 뿐 관계에 관한 이야기는 해 주지 못했습니다. 잘못하면 무조건 혼을 내어 죄책감만 심어 주었을 뿐 하나님의 놀라운 은혜는 깨닫게 해 주지 못했습니다'라는 말이었다.

그 남자는 딸을 예수님의 제자가 아닌 팬으로 키웠다.

chapter 5

자신의 힘인가? 성령 충만인가?

자신의 힘을
의지하면
여지없이 깨진다

많은 팬이 이번 장의 제목을 읽자마자 살짝 인상을 찌푸렸을 것이다. 성령 충만이 무엇인가? 팬들은 하나님과 예수님 얘기는 쉽게 받아들이지만 삼위의 세 번째 분인 성령님에 대해서는 어찌 할 바를 모른다. 문득 우리 처갓집 식구들이 생각난다. 나는 캔자스의 작은 시골 마을에서 자란 소녀와 결혼했다. 아내는 지저분한 도로를 몇 킬로미터나 들어간 시골 중의 시골 농장에서 자랐고, 고등학교 때는 돼지를 키우고 트랙터를 몰았다. 처갓집 식구들은 나를 편안하게 해 주려고 애쓰지만 갈 때마다 이방인이 된 기분이 드는 것은 어쩔 수 없다.

**성령으로 충만해야
예수님을 따를 수 있다**

추수감사절이 되면 처갓집 식구들은 다들 만찬 뒤에 사

냥에 나서기 위해 사슴 오줌을 뿌린 위장복을 입고 나타난다. 나만 말쑥한 옷을 입은 채로 식탁에 다소곳이 앉아 있다. 뒤에서 내 옷차림을 보고 '계집애 옷'이라고 쑥덕거리는 소리가 들린다. 내가 조용히 음식물을 씹는 동안 남자들은 돌아가며 사슴 사냥에 관한 무용을 자랑한다.

점심식사 후 30분쯤 지나 집 안을 둘러보면 성인 남자는 나밖에 없다. 주방으로 가서 파이를 만드는 여자들에게 물어본다. "남자들은 다 어디로 갔어요?" 그러면 장모님이 대답한다. "남자들은 전부 밖에 나갔지." 다 나간 것은 아닌데!

처갓집 남자들이 나를 무시하는 것이 아니다. 아니, 다들 나를 좋아한다. 단지 나를 어떻게 대해야 할지 모를 뿐이다. 성령에 대한 팬의 태도가 이와 같다. 하지만 명심해야 한다. 성령으로 충만하지 않으면 결코 예수님의 제자가 될 수 없다.

성령의 능력 없이 예수님을 따르려고 하면 오래지 않아 증상이 나타난다. 그 증상은 바로 짜증과 분노이다. 원하는 행동은 하지 못하고 원하지 않는 행동만 하게 되니 화가 날 수밖에 없다. "이번만큼은 다를 거야." 입술을 깨물며 남들 앞에서 약속해 보지만 이번에도 역시나 작심삼일이다. 한밤중에 깨어 주먹을 불끈 쥐고 다짐을 한다. "다시는 안 해!" 다시는 이성을 잃지 않겠어. 다시는 그 지저분한 웹사이트를 방문하지 않겠어. 다시는 술을 입에 대지 않겠어. 다시는 안 해! 하지만 또다시 한밤중에 깨어 똑같은 다짐을 하고 있다. 그런 방법으로는 아무리 노력해도 소용없다. 매일 성령으로 충만하지 않고서 예수님을 따르려고 애써 봐야 매번 실패하고 좌절할 뿐이다.

얼마 전 아내와 아이들을 데리고 히스파니올라 섬으로 한 달간 선교 여행을 갔다가 애틀랜타 공항으로 돌아왔다. 비행기가 착륙하자 각자 짐을 챙겨 기나긴 행군을 시작했다. 여행을 할 때면 보통은 나 혼자서 5-6개의 짐을 멘다.

아내와 아이들은 모두 무빙워크를 탔다. 하지만 나는 짐을 넓게 메고 있어서 무빙워크를 탈 수 없었다. 상상이 가는가? 아내와 아이들은 짐 몇 개를 무빙워크 위에 올려놓고 편안한 표정으로 나를 봤다. 반면에 내 몸에서는 땀이

비 오듯 흘러내렸다. 나는 가족들과 보조를 맞추려고 애썼다. 그리하여 천신만고 끝에 무빙워크가 끝나는 지점에 거의 동시에 도착했다.

하지만 컨디션은 전혀 달랐다. 나는 완전히 지치고 짜증난 상태였지만 아내와 아이들은 얼마든지 더 갈 힘이 남아 있었다. 이것이 자기 힘으로 걷는 사람과 성령의 무빙워크를 타는 사람의 극명한 차이다. 팬은 성령의 역할을 넘본다. 하지만 스스로 하나님이 되려고 해 봐야 제풀에 지칠 뿐이다.

성령의 능력으로 충만하지 않고서 예수님을 따르려고 하면 인생의 무게에 무릎을 꿇고 만다. 얼핏 보면 그리스도를 따르는 것 같지만 반드시 문제가 발생하며 자기 힘으로는 결코 그 문제를 극복할 수 없다. 그리스도를 따르고 풍랑 속에서도 그분께 꼭 붙어 있지 않으면 실망스러운 일이 자꾸만 꼬이기 마련이다.

제자는 성령의 능력 없이는 인생의 난관을 헤쳐 나갈 수 없다는 사실을 깨달은 자다.

성령이 임하시면
권능을 받고…

팬인가 제자인가 진단하기 5   자기 힘을 믿는 팬인가?
성령 충만한 제자인가?

요한복음 16장에는 예수님이 체포되어 십자가에 달리기 전 제자들과 나누었던 마지막 대화 중 하나가 기록되어 있다. 예수님은 제자들에게 그분의 죽음에 대한 마음의 준비를 하라고 하시지만 제자들은 그것을 받아들이지 못한다. 리더요 선생이며 친구이신 분을 잃는다는 것은 상상조차 할 수 없다. 세상이 무너지기 전에는 그런 일이 있을 수 없다. 하지만 예수님은 다음과 같이 말씀하신다.

> 그러나 내가 너희에게 실상을 말하노니 내가 떠나가는 것이 너희에게 유익이라 내가 떠나가지 아니하면 보혜사가 너희에게로 오시지 아니할 것이요 가면 내가 그를 너희에

게로 보내리니(요 16:7).

무슨 말씀인지 알겠는가? 육신을 입은 하나님이신 예수님은 자신이 떠나는 것이 오히려 좋다고 말씀하신다. 자신이 떠나야 성령이 오신단다. 그것이 더 좋단다. 왜 그렇게 말씀하셨을까?

신학교에 다닐 때 하나님이 인간과 '함께' 계신다는 내용의 성경 구절을 공부한 적이 있었다. 아브라함과 '함께' 계신 하나님, 요셉과 '함께' 계신 하나님, 엘리사와 '함께' 계신 하나님을 보았다. '함께 계시는 하나님'에 관한 내용은 대부분 구약에 많이 있었고 신약에는 거의 없었다. 이유가 무엇일까?

궁금해진 나는 조사를 하다가 흥미로운 사실 하나를 발견했다. 구약에서 신약으로 넘어가면서 중요한 단어 하나가 살짝 바뀌었다는 점을 알게 되었다. 구약에서는 "하나님이 우리와 '함께' 계신다"라고 말한다. 신약에서는 "하나님이 우리 '안에' 계신다"라고 말한다. 그렇다면 예수님이 "내가 떠나는 것이 더 좋다"라고 말씀하신 이유가 설명이 된다. 하나님이 우리와 함께 계시는 것도 좋지만 그분이 우리 안에 계시는 것이 더 좋다. 예수님은 제자들과 '함께' 계셨지만 성령은 제자들 '안에' 거하신다.

가끔 은근히 시샘 어린 말투로 구약의 위인들을 언급하는 말을 듣곤 한다. 표현은 천차만별이라도 요지는 다 똑같다. "하나님의 음성을 직접 듣고 그분의 위엄 있는 걸음걸이를 보면 얼마나 좋을까? 성경 이야기 속의 사람들이 정말 부러워. 천국에 가자마자 다윗과 엘리야와 모세에게 하나님을 직접 경험하는 기분이 어땠냐고 물어봐야지." 하지만 나는 천국에서 오히려 정반대 상황이 벌어질 것 같다. 우리가 거인을 때려눕히고 전쟁을 승리로 이끈 기분을 묻기도 전에 다윗이 먼저 물어 올 것이다. "말해 봐요. 성령이 안에 거하는 느낌은 어땠어요? 정말로 당신이 약할 때 힘을 주시던가요?"

천국에 가면 엘리야에게 묻고 싶은 게 많을 것이다. "하늘에서 불을 불러 바알 선지자들을 쓸어버리고 죽은 소년을 되살릴 때 기분이 어땠나요?" 그러면 엘리야가 이렇게 말하지 않을까? "아, 그 소년은 결국 다시 죽었지요. 그건 그렇고, 하나님이 안에 거하시는 느낌은 어땠나요? 성령이 슬플 때는 기쁨을 주고 죄의 구렁텅이에서 허덕일 때는 능력을 주셨으니 정말 좋았겠어요."

모세에게도 궁금한 점이 많을 것이다. "낮에는 구름 기둥을 밤에는 불기둥을 따라가는 기분이 어땠나요? 그 산에서 하나님을 만났죠?" 그러면 모세가 이렇게 말하지 않을까? "하나님을 뵈려고 그 험한 산을 올라가야 했지요. 그나저나 당신은 어땠어요? 매일 하나님이 당신 안에 거하셨잖아요. 어찌할 바를 모를 때 성령이 방향을 가르쳐 주셨죠? 느낌이 어땠어요?"

로마서 8장 11절에서 바울은 성령의 역사가 얼마나 강력한지 보여 준다.

> 예수를 죽은 자 가운데서 살리신 이의 영이 너희 안에 거하시면…

그리스도를 죽은 자 가운데서 살리신 영이 지금 그분의 제자들 안에 거하고 계신다.

예수님을 영접하면 성령을 선물로 받는다. 이것이 그분을 믿는 모든 자에게 주시는 약속이다. 따라서 문제는 성령의 능력을 의지할 수 있느냐가 아니다. 문제는 성령의 능력을 의지할 마음이 있느냐이다. 팬은 성령을 선물로 받았다 해도 그 성령으로 충만하지 못한 사람이다.

1세기 갈라디아의 교회가 그러했다. 바울이 갈라디아에서 은혜의 메시지를 설파하자 사람들이 그리스도를 영접하고 그분이 값없이 주시는 선물을 받았다. 하지만 바울이 다른 도시로 떠나자마자 '유대교 지지자들'이라고 하는 거짓 교사들이 교회에 침투해 사람들을 다시 율법의 굴레로 몰아넣기 시작했다. 그들은 성령의 능력보다 인간의 노력을 강조했다. 이에 바울은 신랄하게 비판한다.

> 너희가 이같이 어리석으냐 성령으로 시작하였다가 이제는 육체로 마치겠느냐(갈 3:3).

자기 힘으로 신앙생활을 하려는 것은 더없이 멍청한 행동이다. 그런데도 왜 사람은 자기 힘으로만 하려고 할까?

편하게 무빙워크를 타고 갈 수 있는데 왜 제 발로 걸으려 하는가?

회개하고
삶의 주도권을 내어드리라

요즘에도 갈라디아교회 같은 곳이 많은 것 같아 가슴이 아프다. 자기 힘으로 발버둥치는 모습이 처량하기 그지없다. 특히 교회가 클수록 '스스로 구원하라'는 자세가 깊이 뿌리를 내리고 있다. 교회마다 자기 노력과 자기 절제를 외친다. 팬들은 열심히 노력만 하면 예수님을 따를 수 있는 줄로 착각한다.

남들이 성령의 능력이 아닌 제 힘을 믿는다고 탓할 필요가 없다. 멀리 볼 필요도 없이 나 자신부터 그럴 때가 많다. 특히 목회 초기에는 더욱 그랬다. 약점을 솔직히 인정하고 전적으로 하나님을 의지했어야 하건만 그러지 못하고 내 보잘것없는 힘을 믿었다.

옛 집에서 현재의 집으로 이사를 올 때 내 사무실에 있던 무거운 책상을 가져왔다. 그 책상을 옮길 때 밀어 봤지만 다리가 걸려서 불편했다. 그래서 생각한 방법이 책상을 거꾸로 뒤집어 카펫 위로 밀고 가는 것이었다.

4개의 다리를 위로 해서 있는 힘껏 밀자 조금씩 움직였다. 한창 책상을 옮기는데 네 살배기 아들이 달려와 돕고 싶다고 했다. 녀석은 내 두 팔 사이로 들어와 미는 시늉을 했다. 그렇게 우리는 함께 책상을 밀었고 녀석은 끙끙거리며 나름대로 힘을 썼다. 그런데 잠시 후 녀석이 힘을 빼더니 내 쪽을 돌아보며 투덜거렸다. "아빠, 방해 좀 하지 말아요." 녀석은 자기 혼자서도 충분히 책상을 옮길 수 있다고 착각하고 있었다. 사실 녀석의 힘은 하나도 보탬이 되지 않았다. 나는 어이가 없어 픽 웃고 말았다.

캘리포니아 주 로스앤젤레스 카운티에서 교회를 새로 개척할 때 극심한 스트레스와 부담감에 시달렸다. 일주일에 70시간 이상 일하면서 동분서주하였다. 걱정이 된 아내가 단 하루만이라도 쉬라고 간청했지만 그럴 수가 없었다. 밤에는 잠이 오지 않아 수면제를 복용하기 시작했다. 그렇게 한 1년쯤 지났을까, 하루는 한밤중에 퍼뜩 잠에서 깼는데 문득 하나님이 나를 보고 픽 웃으시는 느낌이 들었다. 이상하게 들린다는 것을 잘 안다. 수면제 때문에 정신이 없었던 것일까? 하지만 그 느낌이 지금도 너무나 생생하다. 나는 침대에 누운 채로 생각에 잠겼다. 왜 하나님이 나를 향해 픽 웃으신 것일까? 하지만 결국은 그 의미를 알아내지 못했고, 그 후로도 틈만 나면 그 생각을 했다.

그로부터 5년 가까이 지나 아들과 함께 책상을 밀다가 "아빠, 방해 좀 하지 말아요"라는 말을 듣고 나서 즉시 무릎을 쳤다. 내가 아들의 말에 픽 웃는 순간, 5년 전 꿈이 내 머릿속에서 되살아났다. 하나님이 픽 웃으신 이유를 마침내 깨달았다. 나는 나 자신이 책상을 밀고 있는 줄 알았다. 어리석게도 하나님의 능력을 깨닫지 못하고 목회의 성공이 전적으로 내게 달렸다고 생각했다.

팬들은 제 힘으로 신앙생활을 하려다가 결국 제풀에 쓰러지고 만다. 자기 힘으로 그리스도를 따르려고 하면 녹초가 되는 것은 시간문제이다. 하지만 예수님은 제자들에게 성령이 오셔서 능력을 주실 것이라고 약속해 주셨다.

예수님의 제자는 홀로 여행을 마칠 수 없다는 진리를 아는 자이다. 우리는 성령으로 행해야 한다. 그러면 성령이 우리에게 필요한 힘과 지혜를 초자연적으로 공급해 주실 것이다.

chapter 6

의무인가? 관계인가?

예수님과 가슴과 가슴이 통해야 한다

일전에 신시내티에 잠깐 다녀온 적이 있다. 신시내티와 루이빌 사이에는 71번 고속도로가 놓여 있다. 약 1시간이 소요되는 직선 도로이다. 가족과 저녁을 먹기로 했는데 시간이 넉넉해서 라디오를 켜고 주변 경치를 구경하며 천천히 차를 달렸다. 날씨가 기가 막혔다. 1시간쯤 지나 루이빌에 다 도착했다 싶었는데 웬걸, 눈앞에 "렉싱턴에 오신 걸 환영합니다"라는 표지판이 나타났다.

예수님을 따르는 길은 좁은 길이다

신시내티 바로 외곽에는 정신을 똑바로 차리고 보지 않으면 놓치기 쉬운 갈림길이 있다. 거기서 루이빌로 향하는 71번 고속도로가 렉싱턴으로 이어지는 75번 고속도로와 갈라진다. 이 갈림길을 놓쳐 렉싱턴으로 빠지는 사람이 하루에도 수십 명이다. 나는 1시간 가까이 71번 고속도로 위에 있는 줄 알았지만 실상은 75번 고속도로 위에 있었다. 엉뚱한 방향으로 가고 있는 줄은 꿈에도 몰랐다. 분명 도중에 75번 고속도로라는 표시가 여러 번 있었을 것이다. 하지만 본 기억이 없다. 내가 고속도로를 제대로 탔다고만 생각했기 때문에 앞을 유심히 보지 않은 탓이다. 게다가 라디오에서 흘러나오는 노래를 따라 부르느라 완전히 정신이 나가 있었다. 잘못된 고속도로에 탔을 가능성은 생각지도 않았다.

마태복음 7장에서 예수님은 전혀 다른 목적지로 이어지는 두 가지 길이 있다고 말씀하신다.

> 좁은 문으로 들어가라 멸망으로 인도하는 문은 크고 그 길이 넓어 그리로 들어가는 자가 많고 생명으로 인도하는 문은 좁고 길이 협착하여 찾는 자가 적음이라(마 7:13-14).

많은 사람이 잘못된 도로 위에 있고 오직 소수만 좁은

길을 선택한다. 그렇다면 우리 모두가 속도를 줄이고 주변을 돌아봐야 옳지 않을까? 서둘러 브레이크를 밟고 차를 도로 옆에 세운 뒤 과연 내가 생명으로 인도하는 도로를 타고 있는지 꼼꼼히 확인해야 할 것이다. 예수님의 이 가르침은 '산상수훈'이라고 알려진 설교의 결론이다. 이 설교는 예수님을 진정으로 따르는 것이 무엇인지를 설명해 주신 말씀이다. 예수님을 진정으로 따르는 길은 좁은 길이다. 하지만 이 길만이 생명으로 이어진다.

좁은 길 위에 있다고 생각하는 사람 중에 실상은 넓은 길 위에 있는 사람이 그토록 많다. 범퍼에 예수 물고기를 붙인 차를 정속 주행에 맞춰 놓고 찬송가를 들으며 멸망의 길을 달리고 있는 사람이 많이 있다.

도널드 휘트니(Donald Whitney)는 이런 말을 했다. "하나님 앞에서 올바로 서 있지 않으면 다른 모든 것을 잘해도 아무런 소용이 없다." 그러니 맹목적으로 달려만 가지 말고 잠시 속도를 늦춰 표지판을 둘러보면 어떨까? 과연 내가 어떤 도로 위에 있는가? 혹시 내가 하나님 앞에서 올바로 서 있지 못한 것은 아닐까? 마태복음 7장에서 예수님의 가르침은 계속된다.

> 나더러 주여 주여 하는 자마다 다 천국에 들어갈 것이 아니요 다만 하늘에 계신 내 아버지의 뜻대로 행하는 자라야 들어가리라 그날에 많은 사람이 나더러 이르되 주여 주여 우리가 주의 이름으로 선지자 노릇하며 주의 이름으로 귀신을 쫓아 내며 주의 이름으로 많은 권능을 행하지 아니하였나이까 하리니 그때에 내가 그들에게 밝히 말하되 내가 너희를 도무지 알지 못하니 불법을 행하는 자들아 내게서 떠나가라 하리라(마 7:21-23).

예수님이 심판의 날 자신 있게 하나님 앞에 섰다가 호통을 듣고 쫓겨날 사람이 '더러' 있을 것이라고 말씀하셨다면 놀랄 일이 아니다. 하지만 예수님은 몇몇 사람이라고 말씀하시지 않았다. 그분은 "많은 사람"이라고 말씀하셨다. 지옥행 급행열차를 타고서 천국행 비행기를 타고 있는 줄로 착각하고 사는 사람이 '많다.'

이제 차를 도로 가에 세웠는가? 그렇다면 마태복음 7장에서 볼 수 있는 중요한 질문 몇 가지를 자신에게 던져 보기를 바란다.

하나님의 뜻대로 행하고 있는가

21절에 이렇게 기록되어 있다. "나더러 주여 주여 하는 자마다 다 천국에 들어갈 것이 아니요 다만 하늘에 계신 내 아버지의 뜻대로 행하는 자라야 들어가리라." 예수님은 '말'과 '행동'을 팬과 제자의 차이로 제시하신다. 요즘 사람들은 말과 삶을 아무렇지도 않게 구분하며 살아간다. 예전과 똑같이 살면서 자신의 믿음이 진짜라고들 말한다. 몇 가지 예를 들어보자.

"올바른 식습관과 운동이 중요하다고 생각합니까?" 그렇게 물으면 10명 중 9명은 "물론입니다"라고 대답할 것이다. 다들 건강이 최고라고 말한다. 하지만 말만 그럴 뿐 사람들이 먹는 음식을 보면 베이컨 치즈버거에 설탕 덩어리

도넛이다. 심지어 돈을 더 내면서 베이컨 위에 초콜릿을 뿌려 달라고 하기도 한다(돈을 더 낼 가치가 있다. 이왕 도넛과 베이컨 치즈버거를 먹으려면 베이컨 위에 초콜릿을 듬뿍 뿌려야 제맛이다).

또 다른 예를 들어보자. "가족이 최고야. 내게 가족보다 중요한 것은 없어." 방금 전에 이렇게 말해 놓고 돌아서서는 집에서 멀리 떨어진 직장의 영입 제의를 받아들인다. 그 직장에 들어 가면 매일 가족을 볼 수 없다. 그렇다면 이 사람의 말은 허튼소리였던 셈이다.

팬들은 "주여, 주여" 하고 말로만 외칠 뿐 그 말에 어울리는 삶을 살지 않는다. "나는 제자다." 그런가? 그렇다면 최근에 굶주린 사람에게 식사를 대접했는가? 헐벗은 사람에게 옷을 벗어 주었는가? 교도소를 찾아가 수감자들을 안고 위로해 주었는가?

"나는 제자다." 그렇다면 좋은 일이다. 하지만 혹시 배우자와 다툴 때 어떤 말과 행동을 하는가? 집안 살림을 마구 집어 던지는가? 아니면 배우자의 등을 부드럽게 토닥이며 미안하다고 말할 줄 아는가? 이웃이 친구의 험담을 하면 어떻게 하는가? 영화를 보는데 자꾸만 하나님의 이름을 망

령되이 일컫는 대사가 나올 때 어떻게 하는가? 믿음은 단순한 말 이상이다.

야고보서는 이런 문제를 다루고 있다. 야고보는 독자들이 성경적 믿음을 알고 실천하기를 원하고 있다.

> 내 형제들아 만일 사람이 믿음이 있노라 하고 행함이 없으면 무슨 유익이 있으리요 그 믿음이 능히 자기를 구원하겠느냐 만일 형제나 자매가 헐벗고 일용할 양식이 없는데 너희 중에 누구든지 그에게 이르되 평안히 가라 덥게 하라 배부르게 하라 하며 그 몸에 쓸 것을 주지 아니하면 무슨 유익이 있으리요(약 2:14-16).

팬들은 감정을 믿음으로 혼동한다. 하지만 감정은 행동으로 표현되기 전까지는 믿음이 아니다. 나는 아주 오래전에 개인적인 경험을 통해 이를 깨달았다. 한밤중에 TV 채널을 이리저리 돌리다 한 프로그램에서 너무 굶어 배가 볼록 나온 아이들을 보았다. 소파에 편히 누워 아이들의 모습을 보는데 나도 모르게 눈시울이 촉촉해졌다. 아이들의 커

다란 눈망울이 내 가슴을 찢었다. 몇 분 뒤 나는 뿌듯한 심정으로 소파에서 일어났다. 이름도 모르는 아이들의 고난에 모두가 이토록 마음 아파하는 것은 아니라고 스스로를 칭찬했다. 하지만 나는 아무런 행동도 하지 않았다. 이것은 성경적인 믿음이 아니다.

믿음은 단순한 감정 이상이다. 히브리서 11장을 보면 행동이 따라야 진짜 믿음이다. 예수님을 향해 애틋한 감정을 느낀다고 해서 제자가 아니다. 단순한 감정을 넘어 행동하는 사람이 진짜 제자이다.

야고보는 17절에서 이렇게 결론을 내린다.

> 이와 같이 행함이 없는 믿음은 그 자체가 죽은 것이라(약 2:17).

'믿음'이란 단어를 공부하다가 어느 정신과 의사가 쓴 글을 접하게 되었다. 그 글은 환자들의 현실성 없는 믿음을 다루고 있었다. 자신이 하늘을 날 수 있다고 진심으로 믿는 환자, 가정 폭력이 나쁘다고 진심으로 믿는 폭군 남편, 행동이 뒷받침되지 않은 믿음을 가졌다. 그들의 믿음은 아무런 의미가 없다. 이 정신과 의사는 이런 믿음을 '믿음'이라고 부르지 않았다. 뭐라고 불렀는지 아는가? 바로 '망상'이라고 불렀다. 그렇다. 현실과 동떨어진 믿음은 아무리 간절해도 사실상 믿음이 아니라 망상에 불과하다.

행위 때문에
옳은 길에 서 있다고 생각하는가

말로만 믿는다고 하는 것도 위험하지만, 행동만으로 자신이 좁은 길에 있다는 생각도 그에 못지않게 위험하다. 마태복음 7장에서 팬들이 심판의 날 어떤 식으로 변명하는지 기억나는가? "우리가 주의 이름으로 선지자 노릇하며 주의 이름으로 귀신을 쫓아내며 주의 이름으로 많은 권능을 행하지 아니하였나이까?" 그들은 종교적 행위와 선행이면 충분하다고 착각하고 있다. "당신은 제자인가?" 이 물음을 듣자마자 교회에 열심히 다니고 헌금함에 몇 푼을 넣고 가끔 자원봉사를 한 전적이 떠오른다면 십중팔구 당신은 제자보다 팬에 가깝다.

마태복음 7장에서 예수님이 거짓 의의 예로 든 행위들을 보면 입이 저절로 벌어진다. 나는 귀신을 쫓아내거나 기적을 행해 본 적이 없다. 그들의 행위로도 합격점을 맞을 수 없다면 내 행위로 천국에 들어가는 것은 어림도 없다. 바로 이것이다. 이것이 예수님의 요지이다. 예수님은 한 가지 요지를 전달하고자 일부러 눈이 휘둥그레질 정도로 대단한 영적 업적을 언급하셨다. 그것은 하나님 나라를 위해 아무리 큰 업적을 남겨도 그것만으로는 진짜 제자라고 말할 수 없다는 의미이다.

궁극적으로 팬인지 제자인지를 가르는 요인은 말이나 행위가 아니다. 그런 것도 중요하지만 어디까지 다음과 같은 마지막 질문에 대한 답이 밑바탕에 깔려 있어야 한다.

내가 예수님을 알고
예수님이 나를 아시는가?

마태복음 7장은 이 질문 하나로 귀결된다. 이 질문의 답이 예수님이 정해 주신 경계선이다. 23절에서 예수님은 팬들에게 싸늘하게 말씀하신다.

> 내가 너희를 도무지 알지 못하니.

따라서 제자의 궁극적인 조건은 예수님과의 개인적인 관계이다. 예수님과의 사이에 친밀한 앎이 있어야 한다. 팬들은 말과 행위만을 따진다. 말과 행위는 가시적이다. 점수를 매기기 좋다. 법정에서 증거로 제시하기에 딱 좋다. 하지만 예수님은 친밀한 관계를 참된 제자의 조건으로 제시하신다. 착한 말과 행위는 모두 그분과의 관계에서 자연스럽게 흘러나온다.

잠시 시간을 내서 질문에 답해 보라. "예수님이 당신을 아시는가?" 옳은 말과 행동을 했다고 자부하는 사람들이 예수님께 "내가 너희를 도무지 알지 못하니 내게서 떠나가라"라는 말을 들을 날이 오고 있다. 그러니 이 질문에 신중하게 답해 보라.

다시 말하지만 오해하지 않았으면 한다. 당신에게 의심을 심어 주려는 것이 아니다. 나는 구원에 관한 성경의 가르침을 절대적으로 믿는다. 분명 우리는 예수 그리스도를 믿는 믿음을 통해 하나님의 은혜로 구원을 받는다(엡 2:8). 오직 하나님만이 우리를 실족하지 않게 하실 수 있다(유 1:24). 또한 그 무엇도 우리를 하나님의 사랑에서 끊을 수 없다(롬 8:38-39).

하지만 나는 스스로 구원받았다고 생각하지만 전혀 구원받지 못한 사람이 많다는 말씀도 믿는다. 스스로 구원받은 제자라는 거짓 확신 속에서 평생을 살다가 심판의 날 팬에 불과하다는 판결을 받고 어리둥절해 할 사람이 얼마나 많은지 모른다.

나는 한 새신자에게 이런 '팬' 메시지를 처음 전했는데, 그가 이 메시지를 온 교인에게 전하라고 강권했다. 그는 홀로 아이를 키우는 젊은 아빠였다. 그는 어릴 적부터 교회에 다녔지만 예수님께 진정으로 헌신한 적이 없었다. 하지만 우리 교회에 나온지 몇 달 만에 예수님과 불같은 사랑에 빠졌다. 그는 값진 진주를 발견했고 자신의 전부를 팔아 그것을 샀다. 그 뒤로 그의 삶은 가파른 변화를 거듭했다. 예수님과의 관계로 인해 삶이 180도로 뒤집혔다. 예수님을 따르기 전에는 '가출, 음주, 줄담배, 연애'로 얼룩진 인생이었다. 날마다 숙취에 찌든 얼굴로 일터에 나갔다. 이유도 모르는 분노가 마음속에서 들끓었다. 아무런 목적 없이 쳇바퀴 돌 듯 사는 인생이었다.

하지만 예수님을 따른 뒤로 삶이 철저히 변했다. 그와 몇 분만 이야기를 나누어 보면 그가 그리스도 안에서 찾은 기쁨을 금방 느낄 수 있다. 그는 날마다 교회에 나와 무엇이든 섬기려고 애를 쓴다. 홀로 아이를 키우려면 돈이 보통 많이 들어가는 게 아니다. 하지만 그는 그리스도인이 된 뒤로 아무리 돈이 부족해도 주일에는 일을 하지 않기로 결심했다. 그는 살림이 빠듯한 가운데서도 어떻게든 나누어 줄 기회를 찾는다.

얼마 전 그는 자신의 어머니가 나를 만나고 싶어 한다

는 말을 했다. 나는 그의 어머니를 알지 못했지만 기꺼이 뵙겠다고 대답했다. 그리하여 세 사람이 커피를 앞에 두고 앉게 되었다. 나는 그의 어머니가 무슨 말을 할지 뻔히 알고 있었다. 동네의 다른 교회를 다닌다고 들었으니 필시 내게 감사를 표하려는 게 분명했다. 아들의 삶이 변한 것이 얼마나 기뻤으면 나를 만나자고 했을까.

하지만 나만의 착각이었다. 그의 어머니는 화가 잔뜩 나 있었다. "우리 아들이 지나치게 신앙생활을 해서 큰일이에요." 어머니는 나와 교회를 탓했다. 어머니는 아들이 교회에서 살다시피 하는 것이 못마땅했다. 그가 식사 전에 꼭 다 같이 기도를 해야 한다고 할 때마다 친척들은 눈살을 찌푸렸다. 그는 입만 열면 설교에 관해 이야기를 하고 설교 영상을 권했다. 어머니의 눈에는 피땀 흘려 번 돈을 교회에 갖다 바치는 아들이 어리석게만 보였다. 최근에는 그가 선교 여행을 하고 싶다는 이야기를 꺼내기도 했다. 그의 어머니는 아들이 지나치다며 간절한 어조로 내게 하소연했다. "제발 성경에서 '뭐든 적당히 하라'라고 가르친다고 말해 주세요. 꼭 모 아니면 도는 아니잖아요."

나는 애써 웃음을 지어 보였다. 하지만 나도 모르게 아랫입술을 꽉 깨물었다. 숨이 가빠졌다. 나는 무조건 아들 편이었다. 어쩔 수 없이 눈살이 찌푸려지고 콧구멍에서 불을 뿜었다. 그래서 나는 화가 날 때마다 늘 하듯이 성경을 인용했다. 나는 오랫동안 교회를 다닌 이 어머니에게 요한계시록을 인용하여 말했다. "요한계시록 3장에서 예수님은 라오디게아교회 성도들에게 '네가 이같이 미지근하여 뜨겁지도 아니하고 차지도 아니하니 내 입에서 너를 토하여 버리리라'고 말씀하셨지요. 예수님은 '뭐든 적당히 하라'라고 말씀하시지 않습니다. 전부를 포기하지 않으면 제자가 될 수 없다고 말씀하시지요. 예수님의 초대는 모 아니면 도인 초대랍니다."

예수님은 어떤 관계를 원하시는지 분명히 밝혀 주셨다. 그분은 뭐든 적당히 하는 미지근한 팬에게 전혀 관심이 없으시다. 그분은 절대적으로 헌신적인 제자만 원하신다.

가장
고통스런 부르심
자기를 부인하라

Part 2

follower

chapter 7

열린 초대

부르심은 자격을 따지지 않는다

1부에서 예수님과 우리의 관계를 조명해 보았다. 2부에서는 예수님이 그분을 따르기로 결심한 사람들을 어디로 이끌고 가기를 원하시는지에 관해 생각해 보자.

이번 장부터 몇 장에 걸쳐 누가복음 9장 23절에 기록된 초대의 말씀을 살펴보려고 한다. 이 성경 구절은 예수님이 제자들에게 어떤 기대를 품고 계신지 분명하게 밝혀 준다. 이 구절은 예수님이 원하시는 관계를 명시한다. 이 구절을 통해 예수님은 무턱대고 따라오지 말고, 그분의 조건을 정확히 알고 그래도 원하는 자만 따라오라고 말씀하신다.

마태를 향한 가장 행복한 초대

예수님은 "아무든지"라는 말씀으로 초대의 메시지를 시

작하신다.

"아무든지." 이 단어가 중요한 이유는 예수님의 초대 대상을 알려 주기 때문이다. 예수님은 아무든지 따라오라고 말씀하신다. 아무든지는 모두를 말한다. 예수님은 자격 요건부터 나열하시지 않는다. 그분의 초대장은 모든 사람에게 전달된다.

그런데도 자신은 초대를 받은 적이 없다고 생각하는 사람이 많다. "내가 한 행동을 봐. 예수님은 내가 따라오는 것을 원치 않으실 거야. 나는 보나마나 탈락이야." 그들은 스스로 자격이 없다고 생각한다. 그래서 애초에 예수님을 따르는 것이 무슨 의미인지 알고 싶은 생각조차 없다. '어차피 떨어질 텐데 지원은 뭐하러 해'라고 생각하며 포기한다.

■

몇 해 전에 아내가 순백의 2인용 소파를 새하얀 카펫이 깔린 방으로 들여놓았다. 순백의 카펫은 이전에 우리 집에 살던 노부부가 사 놓은 것이다. 아내는 이토록 싼 소파를 사지 않는 사람은 선한 청지기가 아니라는 말로 나를 설득시켰다. 그래서 새하얀 카펫 위에 새하얀 소파가 놓이게 되었다. 그러고 나서 아내는 아이들에게 '순백의 방'에 들어가지 말라는 지엄한 법을 선포했다. 처음에는 법이 잘 지켜지는 듯했다.

그러던 어느 날 아내는 그 방을 정돈하다가 누군가 남몰래 간직해 온 비밀을 발견하게 되었다. 우연히 소파 쿠션 하나를 뒤집었는데 얼룩이 발견된 것이다. 아내는 급히 나를 불러 순백의 쿠션에 묻은 분홍색 매니큐어를 가리켰다. 아내의 인상은 싸늘하게 굳어 있었다. 우리는 얼룩이 보이지 않게 쿠션을 다시 뒤집어놓은 뒤 딸들을 그 방으로 불렀다.

곧바로 심문이 시작되면서 내가 얼룩을 보이려고 쿠션에 손을 대자마자 범인이 밝혀졌다. 둘째 딸 모건이 몸을 돌려 2층으로 달려간 것이다.

■

대부분의 사람들은 얼룩을 숨기고 있다. 우리는 누군가

쿠션을 뒤집어 우리가 숨겨 놓은 얼룩을 들추어낼까 전전 긍긍하고 있다. 그리고 예수님이 우리의 얼룩을 아시기 때문에 우리는 자격이 없다고 생각한다. '얼룩 때문에 그리스도의 제자 초대 명단에서 내 이름이 삭제되었을 게 분명해! 예수님은 나를 반기지 않으실 거야!'

예수님의 열두 제자 중에서 이런 심정을 느꼈을 법한 사람은 바로 마태이다. 성경에 처음 등장할 때 마태의 얼룩은 이미 훤히 드러난 상태였다. 보통 큰 얼룩이 아니라서, 마태의 이름이 호적에서 파였을 가망성이 높다. 부모는 마태를 부끄러운 자녀로 취급했을 것이다. 마태를 향한 부모의 꿈은 이런 게 아니었다. 마태의 또 다른 이름을 보아 알 수 있다. 레위라는 이름은 구약의 레위 지파처럼 하나님을 섬기라는 뜻으로 부모가 지어 준 게 분명하다.

태어날 때부터 마태는 이스라엘의 영적 지도자가 될 사람으로 구별되었다. 아마도 마태의 아버지와 할아버지와 증조할아버지는 다 하나님을 섬기는 제사장이었을 것이다. 마태는 열두 살에 이미 성경의 처음 다섯 권을 완벽히 암송했으며 필시 랍비의 제자가 되려고 했을 것이다. 하지만 지원할 때마다 번번이 낙방이었다. 랍비 학교는 마태를 거들떠보지 않았다.

구체적인 상황은 알 수 없지만 무엇인가 단단히 잘못된 게 분명하다. 견디다 못한 마태는 하나님이 아닌 자신을 섬기기로 결심했다. 결국 민족을 등지고 로마의 세리로 전락했다.

세리가 무엇인가? 동포의 돈을 부당하게 빼앗아 로마 정부에 바치는 자들이었다. 혹여 세금을 정당하게 걷는다고 해도 매국노라는 사실에는 변함이 없었다. 하지만 당시에 정직한 세리 같은 것은 없었다. 세리들은 백성들을 속여 뒷주머니를 채웠다. 그래서 세리는 종교적으로나 사회적으로나 천덕꾸러기 신세였다. 세리는 불결한 사람이었기 때문에 성전의 바깥 뜰에조차 출입이 금지되었다. 세리의 이름은 성전의 초대 명단에서 빠져 있었다.

그런데 가만히 생각해 보면 당신과 나도 마태와 비슷한 점이 많다. 돈은 훔치지 않았을지 모르지만 우리 모두는 실패작으로 전락했다. 우리도 합격 기준에 이르지 못했다. 우리도 탈락했다. 로마서는 우리 모두가 죄를 지어 하나님의 영광에 이르지 못했다고 말한다. 우리는 해서는 안 될 말을 했고 해서는 안 될 행동을 했다. 이 얼룩을 아무리 지우려 애써도 점점 더 넓게 번지기만 하니 괴롭기 그지없다.

혹시 마태는 인생의 얼룩을 잊고자 세리의 삶을 택했던 것이 아닐까? 한번 잘못된 선택을 내리면 수렁으로 빠져들기 쉽다. 하나의 실수 위에 또 다른 실수가 쌓이고 쌓여 눈덩이처럼 커진다. 그러다 마침내 자포자기 상태에 이른다. "인생 뭐 있어? 그냥 이렇게 살다가 죽는 거지!" 마태는 얼룩을 더 이상 숨길 필요조차 느끼지 못할 상태에 이르렀다.

날마다 마태는 붐비는 거리의 세관에 앉아 있었다. 어릴 적에는 커서 이렇게 될 줄 꿈에도 몰랐다. 가끔 한밤중에 깨어 회한이 가득한 눈으로 천장을 응시하곤 했다. 처음부터 다시 시작할 수만 있다면 얼마나 좋은가. 하지만 이제는 다 끝났다. 지울 수 없는 얼룩이 선명하게 져 있다.

■

내가 쿠션을 뒤집으려는 찰나, 내 딸 모건은 위층으로 달아나 숨어 버렸다. 나는 곧바로 쫓아가 몇 번이나 딸의 이름을 불렀다. 하지만 아무런 대답이 없었다. 나는 방마다 뒤진 끝에 옷장 안에서 무릎 사이에 고개를 파묻은 모건을 발견했다. 흐느끼는 소리가 들렸다. 이름을 불러도 모건은 고개를 들지 않았다. 나는 몸을 기울여 딸의 등을 손으로 만졌다.

이 녀석은 내가 어떻게 하리라 생각했던 것일까? 내가 화난 줄로 알았을까? 내가 고함을 칠 줄 알았을까? 내가 자기를 더 이상 사랑하지 않을 줄 알고 겁을 먹었을까? 우리는 함께 아래층으로 내려갔고 모건은 몇 달 동안 품고 있던 비밀을 털어놓았다. 장난을 치다가 매니큐어를 흘렸는데 지우려고 할수록 얼룩이 더 번졌다고 했다.

결국 모건은 쿠션을 엎어 자신의 실수를 숨겼다. 그 뒤로 우리가 그 방에 들어갈 때마다 잘못을 들킬까 봐 가슴이 조마조마했단다. 고백이 끝나자 모건은 큼지막한 갈색 눈에 눈물을 한가득 머금고서 물었다. "아직도 저를 사랑해요?" 그 한마디에 우리 부부의 마음은 스스로 녹아내렸다.

■

아마도 마태는 더 이상 그런 질문을 던지지 않았으리라. 하나님이 아직까지 자신을 사랑할리가 없었다. 그러던 마태의 귀에 새로운 랍비가 혜성처럼 나타났다는 소문이 들린다. 예수라는 랍비인데 여느 랍비와 사뭇 다르단다.

하루는 마태가 세관에 앉아 있는데 예수님이 지나가다가 말을 거신다. 예수님이 더러운 세리와 말을 섞으실 줄은 아무도 예상하지 못했다. 단 두 단어였지만 마태의 삶을 완전히 바꿔 놓기에 충분했다. "나를 따르라." 로마의 앞잡이 세리를 제자로 초대하는 유대인 랍비라니! 현장에 있던 사람들은 자신의 눈과 귀를 의심할 수밖에 없었다.

당시 문화에서 랍비가 어떤 존재였는지를 이해할 필요성이 있다. 예수님은 집 없이 떠도는 독특한 랍비였을지 몰라도 엄연히 랍비는 랍비였다. 랍비는 하나님의 말씀, 당시에는 구약을 가르치는 선생이었다. 그래서 랍비는 성경의 처음 다섯 권을 말하는 토라는 물론이고 선지서 전체에 통달했다.

랍비는 제자들 즉 탈미딤(Talmidim)을 거느렸다는 점에서도 특별했다. '탈미드'(Talmid)란 단어는 '제자'나 '학생'으로 번역된다. 따라서 사실상 모든 랍비가 학생들의 반을 맡았으며, 이 반은 매우 배타적인 집단이었다. 보통 사람은 평생을 가도 랍비의 학생이 될 수 없었다. 합격하지 못한 사람들은 대체로 대대로 내려온 가업을 배워 생계를 꾸렸다.

원하는 랍비의 제자 즉 탈미드가 되려면 먼저 지원을 해야 했다. 그런데 기본적인 지원 조건만 해도 혀를 내두를 정도였다. 명문대에 들어가기 위한 성적 증명서 같은 것이 필요했다. 요즘 하버드에 입학하려면 학점 평균 4.0이나 SAT 2,400점은 맞아야 한다. 그 밑이라면 합격을 아예 꿈도 꾸지 않는 게 현명하다. 당시 랍비 학교는 지금의 하버드대학이라고 생각하면 된다.

랍비의 제자 탈미드는 성경을 완벽히 알아야 했다. 랍비가 성경 한 권 전체를 통째로 외우라는 시험을 낼 수도 있었기 때문이다. "레위기 11장에서 여호와의 이름이 몇 번이나 사용되었는가?" 이런 무지막지한 문제가 예사로 나왔다. 탈미드 선발은 힘겨운 과정이었다. 그래도 랍비는 선발 기준을 조금도 낮추지 않았다. 학생의 수준은 곧 선생의 수준을 의미했기 때문이다. 학생이 뛰어나야 선생이 유명해졌다. 아무나 문하생으로 받아 주는 선생이라면 별 볼 일 없는 선생이 분명했다. 반대로, 문하에 최고의 인재가 즐비하면 선생이 뭇사람의 존경을 받았다.

그래서 랍비들은 학생들의 지원을 받았다. 하지만 예수라는 랍비는 달랐다. 예수님은 제자들의 지원을 받은 게 아니라 먼저 제자들을 초대했다. 랍비가 제자를 찾아가 초대하는 것은 전례에 없던 일이었다. 보통 랍비는 먼저 손을 내밀지 않았다. 랍비가 학생을 거부하면 거부했지 학생에게 거부당할 위험을 무릅쓸 까닭이 없었다. 하지만 예수님은 먼저 다가가셨다. 마태가 따라오도록 허락하신 것만 해도 파격적인데 예수님이 먼저 초대장을 내미셨다.

나를 따르라.

이 모습을 보는 사람마다 충격을 받았다. 필시 다른 제자들은 기분이 나빴을 것이다. 세리? 그냥 죄인도 아니고 죄로 먹고 사는 인간이잖아! 예수님이 세관에 숨은 자신에게 다가오시자 마태는 당연히 손가락질이나 빈정거림이 날

아올 줄 예상했다. 하지만 두 팔을 활짝 펴고 초대하시는 게 아닌가.

■

내 딸 모건은 "아직도 저를 사랑해요?"라고 물었다. 그러자 아내는 그 아이 옆에 무릎을 꿇고 귓가에 속삭였다. "얘야, 네가 어떤 잘못을 해도 엄마는 여전히 너를 사랑한단다."

얼룩을 지워 소파가 다시 새하얘졌으면 좋겠지만 아무리 닦아도 얼룩은 사라지지 않았다. 얼룩은 언제까지나 그 자리에 남아 있을 것이다. 그런데 말이다. 재미있는 상황이 벌어졌다. 모건이 얼룩진 소파 얘기를 즐겨 하기 시작한 것이다. 지금도 모건은 사람들에게 얼룩을 보여 주며 거기에 담긴 사연을 풀어 놓곤 한다. 왜일까? 한때 수치와 죄책감과 두려움의 이유였던 얼룩이 이제 사랑과 은혜와 포용의 증거가 되었기 때문이다.

마태의 과거가 세리라는 사실을 우리가 어떻게 아는가? 그가 창녀와 술주정뱅이와 사기꾼과 어울렸다는 사실을 우리가 어떻게 아는가? 그것은 마태가 제 입으로 털어놓았기 때문이다. 그가 우리를 하얀 방으로 불러 소파의 얼룩을 보여 주며 사랑과 은혜의 기분 좋은 이야기를 전해 준다.

예수님이 마태를 초대함으로써 이 초대의 성격이 분명해졌다. 이것은 종교 엘리트와 도덕주의자 등 똑바로만 살아온 사람들만을 향한 초대가 아니다. 얼룩을 숨기고 살아가는 우리 모두를 향한 초대이다. 예수님은 복잡한 선별 과정을 걷어치우고 학교의 문을 활짝 열어젖히신다.

예수님은 자격을 따지지 않는다

"누구든지 와서 차를 사세요!" 텔레비전에서 자동차 판매 광고를 본 적이 있는가? 그런데 찬찬히 뜯어보면 단서가 붙어 있다. 화면의 맨 밑을 보면 "신용불량자 불가"라는 단서가 눈에 들어온다. 이것이 그들이 말하는 '아무든지'이다. "자격이 되는 사람은 아무나 오시오. 승인 절차를 통과할 자신이 있는 사람은 아무나 오시오."

그렇다면 혹시 예수님의 초대장에도 단서가 붙어 있는 것은 아닐까? 예수님이 직접 붙이신 단서는 없지만 세월이 흐르면서 교회는 그분의 초대장에 온갖 단서를 덕지덕지 붙였다. 교회의 대문에는 "누구든지 환영합니다"라는 문구가 자랑스레 걸려 있다. 하지만 눈을 똑바로 뜨고 보면 단서가 보인다.

교회가 말하는 '누구든지'는 별 탈없이 잘 살아온 사람들을 뜻한다. 중독에 시달리거나 이혼을 겪은 사람은 '누구든지'에 포함되지 않는다. '누구든지'는 점잖게 입고 다니는 사람들을 말한다. '누구든지'는 특정한 정당을 지지하고 특정한 음악을 즐기며 특정한 사회 경제적 지위를 지닌 사람들을 지칭한다.

최근에 우리 교회의 한 여자 집사에게서 편지 한 통을

받았다. 그 주일에 특별한 일이 있었다고 한다.

예배가 시작되고 한 5분쯤 지났을 거예요. 20대 후반이나 30대 초반으로 보이는 젊은 여성이 열 살짜리 아들의 손을 꼭 잡고 '놀란 토끼 눈'으로 제게 다가왔지요. 우리 교회에 처음 왔는지 잔뜩 긴장한 눈치더라고요. 아들을 주일학교에 등록시키고 싶다고 해서 등록처로 모셨어요.

가는 길에 잠시 이야기를 들어 보니 6년 전 남편과 헤어졌는데 그 뒤로 다니던 교회에서 사람들의 시선이 갑자기 싸늘해졌다고 하더군요. 그래서 곧바로 교회를 나왔대요. 목소리에 죄책감과 두려움이 가득했어요. 저도 이혼을 경험했고 홀로 아이 키우기가 얼마나 힘든지 잘 안다고 말해 주었지요. 아들의 등록이 끝나자 함께 예배를 드리면 어떻겠냐고 물었어요. 그런데 뜻밖에도, 성전을 가리키며 정말 들어가도 되냐고 묻더군요. 자신은 교인이 아니라고 하기에 저는 교인이 맞다고 말해 주었어요.

우리가 자리에 앉았을 때는 예배가 벌써 시작되어 다들 서서 찬양을 부르고 있었지요. 찬양이 끝나고 찬양 리더가 기도를 했는데 처음 나온 말이 "하나님, 우리가 어떤 인생길을 걸어왔든 상관없이 용서하고 구원해 주시니 감사합니다"였어요. 문득 옆을 돌아보니 여인의 눈에서 눈물이 흐르고 있었어요. 눈물은 예배가 끝날 때까지 멈추지 않았어요. 여인의 두려움과 죄책감이 눈 녹듯 사라지는 것을 똑똑히 볼 수 있었어요.

예배 끝 무렵에 목사님은 그리스도께 삶을 바치고 싶은 사람은 누구든지 앞으로 나오라고 하셨지요. 그리고 나서 예배를 마치는 찬양을 드렸어요. 첫 번째 찬양이 끝날 무렵 여인이 안절부절못하는 거예요. 그래서 빨리 아들을 데리고 돌아가고 싶구나 하고 생각했어요. 여인에게 나가도 된다고 말하려는데 제가 그 말을 꺼내기도 전에 여인이 먼저 입을 열었어요. 예수님을 영접하려면 앞으로 나가야 하냐고 묻더군요. 저는 그러면 더 좋다고 말해 주었어요. 여인이 그러고 싶다기에 제가 같이 나가 주겠다고 말했지요. 그렇게 우리는 함께 앞으로 나갔답니다.

나머지 이야기는 내가 잘 알고 있다. 내가 앞에서 그 여인을 맞이 하는데 두 눈에 눈물이 가득한 게 보였다. 여인은 내 쪽으로 몸을 기울여 내 귀에 속삭였다. "초대를 받아들여도 되는지 몰랐어요. 오래전에 이혼한 뒤로 교회에서 버림받았거든요." 여인은 대문 앞에서 저지를 당했다. 그녀에게는 안으로 들어갈 자격이 없었다. 누군가가 쿠션을 뒤집어 얼룩을 가리키며 "탈락"이라고 선언했다.

분명 예수님은 아무나 따라오라고 말씀하셨다. 하지만 그 말씀을 듣고 교회에 가 보면 여지없이 단서가 붙어 있다. "예수님의 말씀이니까 당신을 이곳에 들이기는 하지만 우리가 항상 지켜보고 있다는 것을 잊지 마시오!" 대놓고 말은 안 해도 암묵적인 압박이 느껴진다. 예수님이 마태를 초대했을 때 다른 제자들이 그렇게 말하지 않았을까? "도대체 무슨 자격이 있는 거예요? 저런 과거를 지닌 자에게 따라오라고요? 예수님, 농담이시죠?" 하지만 예수님은 정말로 '아무든지' 따라오게 하실 참이셨다.

예수님은 대가를 계산하고
따라오라 하신다

마태는 세관에 앉아 이 랍비의 제안을 꼼꼼히 따져 본다. 쉽게 결정한 사안이 아니다. 이 제안을 수락하면 자신의 전부를 포기해야 한다. 돈이 다발로 들어오는 사업을 접어야 한다. 하지만 결국에는 그분의 제안을 받아들인다. 아무나 따를 수 있다. 단, 전부를 포기하지 않고서는 따를 수 없다. 예수님이 "나를 따르라"라고 말씀하셨다. 마태복음 9장 9절에 따르면, 예수님의 이 말씀에 마태는 일어나 따라갔다.

지금 우리는 마태를, 입에 풀칠을 하기 위해 로마에 영혼을 팔아 먹은 악인으로 보지 않는다. 지금 우리에게 마태는 신약의 첫 번째 책을 쓴 예수님의 자랑스러운 제자이다.

하나님의 은혜는 단순히 따라오라고 초대하는 것만이 아니라는 사실을 알아야 한다. 예수님은 우리에게 그분을 따르는 법도 가르쳐 주신다. 마태가 과거를 뒤로 한 채 예수님을 따랐다고 해서 당장 완벽한 사람으로 거듭난 것이 아니다. 아니, 당장 겉으로 변한 것은 아무것도 없었다. 우리도 마찬가지이다. 예수님을 따르기로 마음먹은 뒤에도 계속해서 그분의 은혜가 필요하다. 내 의지와 달리 팬으로 사는 날이 얼마나 많은지 모른다. 하지만 나는 예수님이 마태에게 하셨던 은혜의 초대를 매일같이 받아들인다. "나를 따르라."

- 누가 예수님의 제자로 초대를 받았는가? 아무든지.
- 과거가 음란으로 얼룩져 있는가? 상관없다. 아무든지 오라.
- 전과자인가? 상관없다. 아무든지 오라.
- 최근에 이혼했는가? 상관없다. 아무든지 오라.
- 공화당원인가? 아니면 민주당원인가? 상관없다. 아무든지 오라.
- 술주정뱅이인가? 상관없다. 아무든지 오라.
- 마약 중독자인가? 상관없다. 아무든지 오라.
- 위선자인가? 상관없다. 아무든지 오라.

당신도 내 딸 모건과 마태와 같은 난처한 순간을 겪었는가? 쿠션이 뒤집어졌다. 얼룩이 만천하에 훤히 드러났다. 유죄! 죄를 지었으니 벌을 받아야 마땅하다. 그때 은혜가 충만한 주님의 말씀이 귓가를 간질인다. "나를 따르라."
"저더러 따르라고요? 저는 죄인이에요. 제가 어떤 인간인지 모르시나요? 제가 무슨 짓을 저질렀는지 모르세요?" 물론 예수님은 우리의 얼룩을 누구보다도 잘 아신다. 그렇기에 우리의 얼룩을 눈보다도 더 희게 씻겨 주려고 십자가에서 돌아가신 게 아닌가. 그 예수님의 은혜 덕분에 우리도 마태와 같은 기로에 서 있다.

　예수님의 초대는 "아무든지"로 시작된다. 입에 발린 소리가 아니라 정말로 아무든지이다. 아무든지는 바로 나를 말한다. 그리고 당신을 말한다.

chapter 8

열정적 추구

불같은 사랑으로 예수를 따르라

누가복음 9장에 기록된 예수님의 초대에서 뒷부분은 제자들에게는 완벽히 이해되는 말씀이지만, 팬들에게는 그저 황당하기만 할 뿐이다.

누가복음 9장 23절에서 예수님은 우리에게 어떤 관계를 원하시는지 명확히 밝히신다. 그분이 원하시는 제자의 모습은 더없이 분명하다.

> 아무든지 나를 따라오려거든 자기를 부인하고 날마다 제 십자가를 지고 나를 따를 것이니라.

사랑을 위해서라면
못할 게 없네

이 구절에서 "따라오려거든"이란 말에 주목해 보자. 이 말은 연인 관계에서 흔히 사용되는 말이다. 실제로 예수님은 애인을 열정적으로 좇는 사람처럼 "따라오라"라고 말씀하신 것이다. 예수님이 원하시는 제자는 마치 애인을 좇는 사람처럼 넋이 나가 따라오는 사람이다. 사랑에 빠지면 우리는 비이성적이고 비논리적인 행동을 하게 된다. 마음과 자원과 에너지를 모조리 쏟아붓게 된다. 이것이 예수님이 원하시는 제자의 모습이다. 예수님이 "따라오라"라고 말씀하실 때는 바로 이런 모습을 염두에 두신 것이다.

사랑보다 중요한 것이 없는 것처럼 보인다

요즘 사람들이 가장 열정적으로 추구하는 관계는 연인 관계인 듯하다. 사랑보다 중요한 것이 없는 것처럼 보인다. 책마다 사랑 타령이다. 아름다운 시와 미술의 주제도 사랑이 많다. 영화도 사랑이 빠지면 이야기가 진행되지 않는다. 사랑 노래는 왜 그리도 많은지 모르겠다. 휘트니 휴스턴의 명곡 ⟨I Will Always Love You⟩(늘 당신을 사랑하오)나 셀린 디온의 ⟨My Heart Will Go On⟩(내 마음은 영원하리), 비틀즈의 ⟨And I Love Her⟩(그녀를 사랑한다네). 스티비 원더는 ⟨You Are the Sunshine of My Life⟩(당신은 내 인생의 햇빛)이라고 노래했다.

미트로프의 명곡 ⟨사랑을 위해서라면 못할 게 없네⟩(I Would Do Anything for Love)도 빼놓을 수 없다. 사랑을 좇아 지구 끝까지라도 가겠다는 심정을 담은 노래다. "사랑을 위해서라면 못할 게 없네. 지옥에라도 다녀올 수 있다네. 사랑을 위해서라면 못할 게 없네… 하지만 그것만은 하지 않으리라…."

"그것"이 무엇인지는 모르겠다. 도대체 무엇을 하지 않겠다는 것일까? 리모컨 함께 쓰기? 변기 뚜껑을 내리기? 눈썹 잡아 뽑기? 개명? 뭘 하지 않겠다는 것인지 모르겠다. 하지만 그것이 무엇이든 그것만 빼고 사랑을 위해서라면 못할 게 없단다. 지옥에라도 다녀오겠단다.

사랑에 빠지면 무모한 일도 불사하게 된다. 연애 시절 아내는 우리가 다니던 대학교에서 약 120킬로미터 떨어진

곳에 있는 가족에게 다녀오겠다며 내게 차를 빌려 간 적이 있었다. 그런데 아내를 겨우 하루 못 보는 것인데도 왜 그리 그립던지. 한밤중에 잠에서 깼는데 아내의 얼굴이 자꾸만 눈앞에 어른거렸다. 당장 아내를 찾아가 사랑한다고 말해 주고 싶어 견딜 수가 없었다. 이대로는 도저히 잠을 이룰 수 없을 것만 같았다. 참다 못한 나는 옆방에서 자는 룸메이트를 깨워 하소연을 했다. 하지만 그 친구에게는 차가 없어 별로 도움이 되질 않았다. 퍼뜩 묘안이 떠올라 친구에게 말했다. "자전거를 타고 가면 어떨까?"

"좋은 생각이야." 하지만 역시나 문제가 있었다. 둘 다 자전거가 없다는 것이었다. 그때 친구가 캠퍼스에 자전거 거치대가 있다는 사실을 일깨워 주었다. "잠깐 '빌리는' 건 괜찮겠지?"

자전거에 관해 잘 몰랐던 나는 아무 자전거나 눈에 띄는 대로 잡아서 탔다. 그런데 고른 자전거가 하필이면 저렴한 월마트 브랜드였다. 역풍을 맞으며 캔자스까지 거친 도로를 120킬로미터나 달릴 수 있는 자전거가 못되었다. 몇 시간쯤 정신 없이 달리다가 우리는 잠시 자전거를 세우고

도로 옆 도랑에서 눈을 붙이기로 했다. 한참 달게 자는데 경찰관이 우리를 발견하고는 부츠로 내 어깨를 꾹꾹 눌러 깨웠다. "이 녀석들, 마약을 한 거 아냐? 왜 오밤중에 자전거를 타고 도로로 나왔어?"

"약혼녀를 만나러 가는 중이에요." 경찰관은 한참 의심스러운 눈초리로 바라보다가 이내 차를 타고 사라졌다. 필시 나를 미친놈으로 여겼을 것이다.

우여곡절 끝에 캔자스에 도착하자 아내도 그 경찰관과 다를 바 없는 반응을 보였다. 아내는 내가 미쳤다고 생각했지만 얼굴을 보았으니 아무래도 상관없었다. 이것 말고도 나의 불같은 사랑을 증명해 주는 이야기가 5-6개는 된다.

여름날의 뙤약볕 아래서 최저 임금을 받고 가구를 배달하면서도 월급을 받아 결혼반지를 살 꿈에 부풀었던 나날들을 보냈다. 대학에서 아내가 제출해야 할 30쪽 분량의 연구 논문을 위해 밤새워 가며 조사를 마무리해 주었던 추억, 아내에게 바칠 장미꽃 12송이를 사기 위해 혈장을 기증했던 적도 있다. 내가 아내를 어떻게 '따라다녔는지'에 관해 할 말이 참 많다. 아내를 쫓아다니느라 진이 다 빠졌다. 아내의 마음을 얻기 위해서라면 못할 짓이 없었다.

하지만 그것 아는가? 그리스도와의 사랑에 관해서는 딱히 이야깃거리가 없다. 예수님을 죽도록 쫓아다녔던 기억은 별로 없다. 몇 가지 이야기가 있긴 하지만 이 자리에서 소개할 만큼 대단하지 않아서 그만두련다.

예수님을 따르려면
전부를 걸어라

제자라면 예수님을 열심히 좇았던 기억을 한 아름은 품고 있어야 한다. 사람들에게 "미쳤다"는 소리를 들을 정도는 되어야 한다. 팬들은 예수님과의 관계를 이런 식으로 생각하지 못한다. 그저 일주일에 한 번씩 억지로 몸을 일으켜 그분을 좇는 시늉만 할 뿐이다. 큰 열정은 없다. 헌금 주머니에 돈 몇 푼을 넣고 바자회에 옷 몇 벌을 기부하기는 하지만 그게 전부이다. 사실, 더 이상 애쓸 생각도 없다. 하지만 예수님은 그런 관계를 원치 않으신다.

예수님은 그분을 따르려면 전부를 걸고서 따르라고 말씀하신다. 특히 마태복음 13장에서 "값진 진주"라고 불리는 비유를 주셨다. 이 비유를 보면 예수님이 따르라고 초대하실 때 어떤 그림을 머릿속에 그리셨는지를 알 수 있다.

> 천국은 마치 밭에 감추인 보화와 같으니 사람이 이를 발견한 후 숨겨 두고 기뻐하며 돌아가서 자기의 소유를 다 팔아 그 밭을 사느니라(마 13:44).

성경 시대에는 땅속에 재산을 묻는 일이 흔했다. 특히 전쟁이나 대 변혁이 일어나면 땅속만큼 안전한 곳이 없었다. 돈을 묻고 전쟁터에 나갔다가 살아서 돌아오지 못한 경우도 비일비재했다. 예수님의 비유에서 고용된 일꾼이 밭을 갈다가 땅속에 묻힌 보물 상자를 발견한다. 깜짝 놀란 그는 상자를 꺼내 흙을 털고 뚜껑을 연다. 이럴 수가! 고가의 보석이 햇빛에 찬란하게 반짝거린다. 심장이 마구 뛴다. 일꾼은 서둘러 상자를 다시 묻고 일을 계속한다.

하지만 마음속에는 온통 보물을 어떻게 처리할지에 관

한 생각뿐이다. 어떻게든 보화가 묻힌 땅을 사야 한다. 그래서 그날로 집이며 가축, 달구지까지 전 재산을 팔아 그 밭을 산다. 친구와 가족들이 수군거리기 시작한다. 제정신이 아니야! 하지만 실상은 그 밭을 산 것이야말로 그가 할 수 있는 최선의 투자이다.

예수 그리스도 안에서 생명을 발견하면 값진 진주를 좇은 이 일꾼처럼 그분을 좇을 수밖에 없다. 팬은 너무 깊이 빠지지 않으려고 조심한다. 하지만 제자는 예수님을 좇기 위해 자신의 전부를 내놓아야 하더라도 그것이 최선의 투자임을 안다. 제자는 사랑을 위해 미친 행동도 서슴지 않지만 팬은 몸을 사린다.

'값진 진주'의 비유에서 일꾼이 보화를 발견한 뒤에 어떤 마음으로 자신의 전부를 팔았는지 아는가?

> 기뻐하며 돌아가서 자기의 소유를 다 팔아 그 밭을 사느니라.

보화를 위해 자신의 전부를 파는 내내 그는 기뻐 어쩔

줄을 몰라 했다. 왜일까? 보화가 자신의 전 재산보다도 더 값어치가 있었기 때문이다.

예수님을 따를지는 우리의 선택에 달렸다. 그리고 예수님은 그분이 원하시는 바를 우리가 제대로 알고 따라오기를 원하신다. 예수님은 우리의 전부를 원하신다. 우리의 하나뿐인 애인이 되고자 하신다. 교회에 가면 하나님이 우리의 시간이나 돈이나 예배를 원하신다는 말을 종종 듣는다. 교회에서 왜 그런 말을 하는지 아는가?

하나님께 우리의 시간이 '필요'해서가 아니다. 영원 전부터 계셨던 분께 우리의 찰나와도 같은 시간이 필요할 리가 있겠는가. 하나님께 우리의 돈이 '필요'해서도 아니다. 온 세상의 가축이 모두 그분의 것이다. 하나님은 우리 돈이 필요하면 얼마든지 가져가실 수 있는 분이다. 하나님께 우리의 예배가 '필요'한 것도 아니다. 성경은 우리가 예배하지 않아도 바위와 나무들이 찬양할 것이라고 말한다. 교회에서 그런 말을 하는 것은 하나님이 그런 것을 필요로 하시기 때문이 아니라 그분이 우리 자신을 원하시기 때문이다.

하나님의 관심 대상은 우리의 사랑이다. 우리가 열심히

그분을 좇을 때 그분이 기뻐하신다. 그분께 우리의 시간과 돈과 예배를 드리는 것은 그분을 진심으로 좇을 때 나타나는 외적인 증거일 뿐이다.

예수님을 사랑하고 열정적으로 좇을 수밖에 없는 이유 중 하나는 그분이 먼저 우리를 지극히 사랑하셨기 때문이다. 사랑을 듬뿍 받았으니 감격하여 사랑할 수밖에 없다. 요한일서 4장 19절은 그리 말하고 있다.

우리가 사랑함은 그가 먼저 우리를 사랑하셨음이라.

다시 예수님에 대한 사랑을 고백하라

미친 듯한 사랑 이야기 중에서도 최고는 하나님이 육신을 입고 이 땅에 오셔서 우리를 대신하여 돌아가셨다는 이야기이다. 하나님이 먼저 우리를 좇으셨다. 이 터무니없는 사랑을 알면 우리의 마음이 녹아내릴 수밖에 없다. 하나님이 먼저 사랑해 주셨기에 우리는 그분을 사랑한다.

    예전에 고향으로 내려갔을 때 할머니와 함께 할아버지가 잠드신 묘지를 찾아간 적이 있다. 할아버지의 묘비 바로 옆에는 할머니를 위한 자리가 마련되어 있었다. 이미 묘비에 할머니의 이름과 생일이 새겨져 있었다. 거기에 할머니의 기일만 더하면 되었다. 할머니는 돌아갈 준비가 되었다고 말씀하셨다. 할아버지와 할머니는 60년 가까이 인생길을 함께 걸으셨다. 그래서 할머니는 할아버지를 몹시 그리워하신다. 묘비 앞에서 할머니는 사무치게 외롭다고 하셨다. 지금도 밤에 자다가 할아버지의 자리 쪽으로 손을 뻗고 습관처럼 다른 방을 향해 할아버지를 부르곤 하신다. 잠시 조용히 서 있다가 할머니가 입을 여셨다. "이젠 준비가 됐어. 본향에 가서…." 다음 말이 무엇일지는 뻔했다. 할머니는 평생 할아버지만 사랑하며 사셨다. "본향에 가서 네 할아버지를 만날 준비가 됐어." 아니다. 할머니는 대신 이렇게 말씀하셨다. "본향에 가서 주님을 뵐 준비가 됐어." 이것이 제자의 마음이다.

chapter 9

완전한 포기

인생의
근사한 권리를
모두 포기하라

작년 여름 헬스클럽에서 창가 쪽 자전거를 타고 있었다. 주차장 쪽을 보니 하루 일과를 마치고 귀가하기 전에 몸을 만들려고 걸어오는 사람들이 보였다.

몇 분 뒤 한 남자가 주차를 하고 차에서 내렸다. 산만한 덩치로 자그마한 승용차에서 낑낑대며 내리는 모습이 무척이나 안쓰러워 보였다. 방금 퇴근했는지 양복 차림이었다. 그가 운동 가방을 꺼내 어깨에 메더니 다시 몸을 숙여 차에서 뭔가를 더 꺼냈다. 빨간 스푼이 놓여 있는 컵이었다. 무엇인지 짐작이 가는가? 바로 데어리 퀸에서 인기리에 판매하는 아이스크림 블리자드(거꾸로 들어도 쏟아지지 않는다는 무중력 아이스크림)였다. 아이스크림을 떠먹으며 운동을 하러 나오는 모습, 무엇인가 부조리해 보이지 않는가?

그는 바로 내 앞에 서서 마지막 숟갈을 떴다. 그리고는 빈 컵을 쓰레기통에 내던지고 헬스장 안으로 들어왔다. 그는 몸은 만들고 싶었지만 그에 필요한 희생은 하고 싶지 않았다.

둘 다
가질 수는 없다

팬들이 예수님을 따른다고 하는 행동이 바로 이러하다. 팬들은 그리스도의 초대를 받아들이긴 하지만 자신을 부인할 생각은 없다. 누가복음 9장 23절에서 예수님은 그분을 따르려면 조건 없는 계약 따위는 꿈도 꾸지 말라고 분명히 말씀하신다.

아무든지 나를 따라오려거든 자기를 부인하고….

자신을 부인하지 않고서 예수님을 따를 수는 없다. "자기를 부인 하고"라는 말은 단순히 양보하는 차원이 아니다. 예수님이 원하시는 모습은 심지어 자신의 존재까지도 인정하지 않는 것이다.

교회마다 그리스도인은 예수님을 믿어야 한다고 말한다. 하지만 아무리 귀를 씻고 들어도 자신을 부인하라는 말은 들리지 않는다. 자신을 부인하라면 누가 좋아하겠는가. 자기만 챙기는 문화 속에서 자신을 부인하라는 메시지는 지독히 인기가 없다.

마태복음 19장에서 우리는 이름 모를 남자를 만나게 된다. 그래도 사복음서에 그에 관한 정보는 많아 '부자 청년'이라는 별칭도 생겼다. 이 청년은 부와 권세의 길을 걸었다. 이 길은 많은 사람이 부러워하는 길이다. 그런데 16절을 보니 세상 걱정 없이 살 것처럼 보이는 청년이 질문 하나를 들고 예수님을 찾아간다.

> 선생님이여, 내가 무슨 선한 일을 하여야 영생을 얻으리이까?

참으로 기특한 질문이다. 청년은 천국에 가는 비결을 알고 싶었다. 하지만 자세히 뜯어보면 이 질문은 안타깝게도 팬의 질문에 불과하다. 청년은 무엇을 '행해야' 하는지를 묻는다. 어떻게 해야 '내 힘으로' 영생을 '얻을' 수 있습니까? 청년은 자신의 화려한 이력이면 천국에 들어가고도 남으리라고 자신한다. 21절을 보면 결국 예수님은 청년에게 비결을 알려 주신다.

> 네 소유를 팔아 가난한 자들에게 주라 그리하면 하늘에서 보화가 네게 있으리라 그리고 와서 나를 따르라.

예수님은 청년을 제자로 초대하신다. 단, 먼저 전 재산을 팔아 가난한 사람들에게 나누어 준 뒤에 따라오라고 하신다. 이제 청년은 선택의 기로에 선다. 예수님을 따를 것인가? 아니면 계속해서 재물과 권세를 따를 것인가? 둘 다 가질 수는 없다. 하나만 선택해야 한다. 자신을 부인하지 않고서 예수님을 따를 길은 없다.

예수님은 이 청년을 선택의 기로로 데려가신다. 돈의 길로 갈 것인가? 아니면 예수님을 따를 것인가? 둘 다 선택할 수는 없다.

하지만 이것이 당신이나 나와 무슨 상관인가? 전 재산을 파는 것이 예수님을 따르기 위한 전제 조건인가? 그럴지도 모른다. 예수님은 이 청년 못지않게 당신과 나에게 말씀하신 것이다. 사실, 예수님을 따르는 사람은 누구나 결국에는 비슷한 기로에 서게 된다. 세상의 길에서 떠나지 않고서는 절대 예수님을 따라갈 수 없다. 청년은 예수님을 따르기를 원했다. 하지만 예수님과 재물 사이에서 선택해야만 하는 순간에 이르자 결국은 재물을 선택했다. 청년은 자신을 부인할 수 없었다. 당신은 어떤 선택을 내리려는가?

제자는 자신을 부인하고 이렇게 고백할 줄 아는 사람이다. "예수님을 선택합니다. 제 가족이 아닌 예수님을 선택합니다. 돈이 아닌 예수님을 선택합니다. 세상에서의 성공이 아닌 예수님을 선택합니다. 저는 온전히 당신의 것입니다. 술의 쾌락이 아닌 예수님을 선택합니다. 포르노의 흥분이 아닌 예수님을 선택합니다. 대궐 같은 집이 아닌 예수님을 선택합니다. 자유보다도 예수님을 선택합니다. 남들의 이목이 아닌 예수님을 선택합니다."

제자는 자신을 부인하고 예수님을 따르기로 매일 선택하는 사람이다. 설령 자신의 전부를 잃는다 해도 그의 결심은 변함이 없다.

**예외 조항이
없어야 한다**

자신을 부인하지 않고 예수님을 따르려는 팬들이 부리는 꼼수 중 하나는 예수님께 터치를 받고 싶지 않은 삶의 영역들을 따로 떼어 놓는 것이다. 그러면서 예수님과 협상을 벌이려고 한다.

"예수님을 따를게요. 단, 재물을 처분할 수는 없어요. 저를 괴롭힌 사람들을 용서하라는 말씀만은 제발 하지 마세요. 그 자들은 용서를 받을 자격이 없는 사람들이에요. 결혼 전까지 순결을 지키라고요? 제발 그런 말씀은 하지 마세요. 솟구치는 욕구를 어떻게 해요. 제 돈은 건드릴 생각도 하지 마세요. 한 푼도 내놓을 수 없어요. 얼마나 고생하며 번 돈인데요."

재정적인 삶에서는 예수님이 아닌 〈머니〉(Money) 잡지를 따른다. 성생활에서는 예수님이 아닌 세상의 성 풍속을 따른다.

예외 조항은 없다. "예수님을 따르겠지만 이 문제에서만큼은 내 뜻대로 하겠어." 얼토당토않은 말이다. 스스로 그리스도인이라 부른다면 예외 없이 모든 면에서 그리스도를 따라야 한다. 그렇다고 예수님을 완벽하게 따라야 한다는 뜻은 아니다. 하지만 특정한 사람이나 장소나 행동에 대해서는 예수님이 아닌 자신의 뜻대로 한다면 그 사람은 결코 '그리스도인'이 아니다.

최근 미국에서 진짜 채식주의와 달리 "보통은 채식을 하지만 소시지를 워낙 좋아합니다"와 같은 사람들이 생겨났다. 새로운 채식주의자들은 채식을 하되 몇 가지 예외를 두는 사람들이다. 그들은 바로 '반(半)채식주의자'(flexitarian)들이다. 그들은 100퍼센트 채식주의자는 아니다.

이처럼 우리 중에도 '반채식주의자' 같은 반그리스도인이 많은 것 같다. "예수님을 정말 좋아해요. 하지만 가난한 자를 섬기고 싶지는 않아요. 교회에 다니는 것은 좋아요. 하지만 내 돈은 한 푼도 낼 수 없어요. 예수님은 좋아요. 하지만 제게 혼전 순결을 강요하진 말아 주세요. 예수님을 사랑하긴 해요. 하지만 100퍼센트 그리스도인은 사양할게요."

그들은 스스로 그리스도인이라고 말하면서 나름대로 예수님을 따른다. 하지만 몇 가지 예외 조항을 두고 있다.

예수님을 따르려면 전적으로 따라야 한다. 자신을 부인하지 못하는 모습에서 부자 청년이 진정으로 따르는 대상이 적나라하게 드러났다. 그는 세상 즐거움도 취하고 예수님도 따르는 일석이조를 노렸다. 그는 개인적인 희생은 없이 딱 영생을 얻을 만큼만 예수님과 가깝게 지내기를 원했다.

스스로 노예가 되는
자기 부인의 행복

'권리 포기 증서'라는 법적 문서가 있다. 재산에 대한 모든 권리를 양도할 때 작성하는 문서이다. 이 증서를 쓰면 해당 재산에 대한 권리가 상대방에게 완전히 넘어간다. 예수님의 초대를 받아들일 때 복잡한 서류 절차는 없지만 일종의 권리 포기 증서만큼은 써야 한다. 예수님을 따르려면 집, 자동차, 은행 잔고, 직업, 가정, 자녀, 미래까지 자신의 전부에 대한 권리를 양도해야 한다. 아무것도 움켜쥐지 말아야 한다. 자신을 부인하고 인생의 권리 포기 증서에 서명을 해야 한다.

밀러드 풀러(Millard Fuller)는 29세에 백만장자 반열에 올랐다. 그는 아내가 원하는 것은 무엇이든 사 주었다. 그런데 하루는 그가 귀가해서 보니 아내가 메모 한 장만 남긴 채 집을 나가 버렸다.

그는 사방을 뒤진 끝에 토요일 밤 뉴욕 시티의 한 호텔에서 아내를 찾아냈다. 두 사람은 새벽녘까지 진지한 대화를 나누었다. 아내의 말을 들어 보니 세상이 말하는 행복의 조건이 오히려 그녀의 마음을 냉랭하게 만들었다. 아내의 마음은 텅 비고 영혼은 시들어져 있었다.

아내는 죽은 마음을 되살리고 싶어 집을 뛰쳐나왔다고

했다. 부부는 그 호텔의 침대 옆에 무릎을 꿇고, 전 재산을 팔아 가난한 자들을 섬기겠노라 결단했다.

이튿날인 주일, 부부는 가장 가까운 침례교회를 찾아가 예배를 드리고 새로운 출발을 주신 하나님께 감사를 드렸다. 예배가 끝나자 부부는 며칠간 겪은 일과 지난밤에 내린 결단을 목사에게 털어놓았다. 그런데 아이러니하게도 목사라는 사람이 예수님을 따르기 위해 그렇게까지 할 필요는 없다고 말하는 게 아닌가. 밀러드의 말을 들어 보자.

> 전부를 포기할 필요는 없다고 했다. 그 목사는 우리가 단순히 돈을 포기하는 것이 아니라는 점을 이해하지 못했다. 우리는 우리 자신을 포기하려는 것이었다.

이후 밀러드 부부는 지금 우리가 잘 아는 사역 단체를 세웠다. 해비타트(habitat)가 바로 그것이다.

이것이 부자 청년 비유의 요지이다. 요지는 돈과 그 돈으로 살 수 있는 것들을 포기하는 것이 아니라 우리 자신을 포기하는 것이다. 바로 그것이 자신을 부인하고 그리스도를 따르는 일이다.

chapter 10

날마다 헌신

죽고
또 죽으라

21세에 아내와 함께 캘리포니아 주 로스앤젤레스 카운티로 이사해 교회를 개척했다. 교회 개척에 관한 책을 한 트럭은 숙독했지만 경험은 적고 머리만 가득 채워진 상태였다. 교회 개척에 관한 질문으로 노트 한 권을 가득 채웠다. 나름대로 내린 한 가지 확실한 결론은 사람들이 찾아와야 교회가 성공할 수 있다는 것이었다. 사람들이 많이 올수록 교회가 더 성공한다고 생각했다. 그렇다면 정말 중요한 질문은 하나밖에 없었다.

어떻게 해야 많은 사람을 우리 교회로 끌어 모을 수 있을까?

창업하는 기업처럼
교회를 개척하다

이 답을 찾고자 마케팅과 고객 유치의 비결을 담았다는

경영 서적들을 섭렵하기 시작했다. 그렇게 나도 모르게 창업을 하는 기업가처럼 교회를 키우기 시작했다.

사업을 시작하기 위해서는 골방에 틀어박혀 사업 계획을 짜는 과정이 꼭 필요하다는 사실을 알았다. 좋은 사업 계획에는 마케팅 전략이 빠질 수 없다. 그리고 좋은 마케팅 전략의 핵심은 다른 무엇보다도 잠재 고객의 관심을 사로잡을 수 있는 슬로건과 심벌이다. 고객이 슬로건과 심벌을 본 뒤 "내가 찾던 바로 그거야. 당장 사야겠어"라고 말하면 대성공이다.

좋은 슬로건이라면 고객의 마음에 회사에 관한 좋은 인상을 심어 줄 뿐 아니라 제품에 대한 구매 욕구를 일으켜야 한다. 회사의 심벌 혹은 로고는 기억에 오래 남고 호소력이 짙어야 한다. 몇 가지 슬로건을 소개할 테니 어떤 회사의 슬로건인지 알아맞혀 보라.

- 손이 아닌 입에서 녹는다.
- 당신이 원하는 곳이 어디든 그곳에 있다.
- 그냥 한번 해 봐.

- 계속해서 가고 또 간다.

　답은 M&M, 비자, 나이키, 에너자이저 순이다. 아마도 대부분의 답을 맞혔으리라 믿는다. 이름만 맞힌 게 아니라 이 기업들의 심벌을 그릴 수 있는 사람도 꽤 많을 것이다. 이 심벌들은 만족, 즐거움, 승리, 스타일, 지위를 상징한다. 이 기업들은 고객의 관심을 끌만한 슬로건과 심벌을 개발하기 위해 많은 자금을 쏟아부었다.

　그리스도 제자의 심벌은 그 이상도 이하도 아니다. 그것은 바로 십자가이다. 고문과 죽음의 도구가 예수님의 제자를 상징하는 심벌이다. 예수님은 왜 굳이 십자가를 심벌로 택하셨을까? 다른 좋은 심벌도 많지 않은가. 평화를 상징하는 비둘기는 어떤가? 보호를 의미하는 목자의 지팡이도 좋다. 희망과 약속의 상징인 무지개도 그럴듯하다. 왜 하필 못으로 이은 2개의 피투성이 나무 기둥인가?

　역사상 가장 잔혹한 처형 도구의 이미지를 내세워서는 고객이 모일 리가 없다. 우리는 이 십자가를 최대한 순화시키려고 애썼다. 장식물과 보석을 치렁치렁 달았다. 하지만 십자가를 지라는 마가복음 9장의 메시지는 불쾌하고 부담스럽기만 하다.

십자가는 로마인들이 유대인 같은 피정복민들을 굴복시키기 위해 사용했던 처형 도구이다. 십자가는 로마의 힘과 권위를 드러내는 심벌이었다. 이따금씩 유대인들이 로마의 압제에 항거한 반란을 일으키면 로마인들은 관련자들을 십자가에 못 박았다. 때로는 팔레스타인의 먼지 날리는 도로를 따라 한 번에 2천 명 가까이 십자가형을 집행하곤 했다.

고난 없이
십자가를 질 수는 없다

편안하게 십자가를 짊어질 방법은 없다. 십자가는 어디로 메나 고통스럽기 짝이 없다. 고난은 예수님을 제대로 따르지 못한 사람에게나 찾아온다고 믿는 사람이 의외로 많다. 하나님의 아들 예수님을 따르면 만사가 순조롭게 풀려야 정상이 아닌가?

고난이 예수님을 따르지 않는 증거라는 쓰레기 신학이 교계에 만연해 있다. 하지만 성경이 말하는 현실은 전혀 다르다. 예수님을 따르기로 결심하는 것은 때로는 참을 수 없으리만치 고통스러운 십자가를 감내하기로 결심하는 일이다. 예수님을 따르면 희생이 따른다는 뉘앙스를 풍기는 성경 구절이 많다. 몇 가지만 예로 들면 다음과 같다.

- 인자로 말미암아 사람들이 너희를 미워하며 멀리하고 욕하고 너희 이름을 악하다 하여 버릴 때에는 너희에게 복이 있도다(눅 6:22).
- 무릇 그리스도 예수 안에서 경건하게 살고자 하는 자는 박해를 받으리라(딤후 3:12).
- 그리스도를 위하여 너희에게 은혜를 주신 것은 다만 그를 믿을 뿐 아니라 또한 그를 위하여 고난도 받게 하려 하심이라(빌 1:29).

요즘 나를 자꾸만 일깨우는 질문이 하나 있다. "아무런 고난과 희생도 없는데 과연 내가 십자가를 제대로 짊어지고 있는 것인가?" 예수님을 따르다가 뭔가를 잃은 적이 있는가? 예수님으로 인해 관계가 깨진 적이 있는가? 예수님을 따르기 위해 승진을 포기한 적이 있는가? 예수님 때문에 휴가를 반납한 적이 있는가? 믿음으로 인해 조롱을 받은 적이 있는가?

꼭 목숨이 위태로운 상황만을 말하는 게 아니다. 복음을 위해 한 끼를 굶었던 적이 있는가? 아무것도 잃은 게 없다면 과연 진정으로 십자가를 짊어지고 있다고 말할 수 있을까? 잠시 고민하고서 답해 보라. 예수님 때문에 뭔가를 희생한 적이 있는가? 희생이 없었다면, 최소한 약간의 불편함이라도 겪지 않았다면, 십자가를 짊어지고 있지 않을 가능성이 많다.

궁극적으로 십자가는 죽음의 심벌이었다. 예수님이 해골의 곳이라는 뜻의 골고다 언덕에 이르시자 병사들이 가로대를 받아 세로대에 붙여 십자가를 완성했다. 곧이어 예수님의 손이 십자가에 못 박혔다. 그 다음에는 병사들이 예수님의 발에 못을 박았다. 몇 시간 뒤 예수님의 옆구리에

창을 꽂아 죽음을 확인했다. 예수님은 제자들에게 자신에 대해 죽으라고 말씀하신다. 우리의 욕심과 꿈과 계획이 십자가 위에서 죽어야 한다. 예수님의 제자가 되는 순간, 우리 자신은 끝나야 한다.

십자가는 무엇보다도 죽음을 의미했다. 십자가를 짊어진 사람의 운명은 더없이 확실하다. 사형수를 '걷고 있으나 죽은 사람'(Dead man walking)이라고 하는데 십자가를 짊어진 제자에게 딱 맞는 표현이 아닐 수 없다. 예수님은 당시 가장 혐오스럽고 부끄러운 심벌을 지고서 우리를 향해 말씀하셨다. "나를 따르려거든 이 십자가를 지라." 예수님은 우리를 죽음으로 초대하신다.

예수님은 그분을 따르려면 자기 십자가를 지고 자신에 대해 죽어야 한다고 분명히 말씀하셨다. 그래서 제자는 죽음을 결심한 사람이다. 예수님이 십자가를 제자의 조건으로 내거셨을 때 얼마나 어색한 긴장이 흘렀을까? 실제로 오늘날 많은 교회가 너무 부담스럽고 치욕스럽다는 이유로 십자가의 메시지를 내던졌다. 그 결과, 제자를 자처하지만 십자가는 짊어지지 않는 팬이 교회를 가득 메우고 있다.

불편한 십자가 메시지를 뺀
담요 신학

십자가라는 심벌과 편안함을 추구하는 우리의 성향을 비교해 보자. 최대한 편안하게 살고 싶은 것이 인지상정이다. 천성적으로 우리는 십자가보다 안락을 추구하는 존재이다. 소파와 컨트리클럽, 온천, 담요가 인기가 있는 이유가 있다.

혹시 소매 달린 담요 광고를 본 적이 있는가? 처음에는 우스꽝스럽다고만 생각했다. 하지만 보면 볼수록 나도 하나 가지고 싶어졌다. 급기야 아내가 발렌타인데이에 어떤 선물을 받고 싶냐고 묻자 나도 모르게 "소매 달린 담요"라고 대답하고 말았다. 다 큰 어른의 입에서 그런 말이 나오다니. 하지만 소매 달린 담요가 너무 좋은 걸 어쩌겠는가. 마침내 택배가 도착하자 아차 싶었다. "잠깐만 이미 한 벌이 있잖아. 기껏해야 등에 걸치는 실내복일 뿐이잖아."

담요와 십자가를 각각 머릿속에 그려 보라. 하나는 안락을 상징하고 다른 하나는 고통과 희생을 상징한다. 그런데 교회에 담요 신학이 깊이 파고들었으니 안타깝기 짝이 없다. 많은 교회가 성도들을 최대한 편안하게 해 주려고 애쓴다. 담요 신학은 예수님을 따르는 모든 이에게 건강과 부를 약속한다. 십자가 얘기는 쏙 빼놓고 고급 승용차와 으리으리한 집 얘기만 한다. 여전히 성경을 기초로 메시지를 전하기는 하지만 불편한 내용은 쏙 빼버린다. 그래서 아무리 두리번거려도 십자가가 보이질 않는다.

건강이 나빠지거나 돈이 궁해지면 담요 신학의 부작용이 드러나기 시작한다. 계약과 달리 건강과 부를 지켜 주지 않은 하나님을 의심하고 원망하기 시작한다. 우리 교회의 한 장로가 이 현상을 한 문장으로 요약했다. "처음에 무엇으로 전도하느냐가 그 사람의 믿음 생활을 결정한다." 담요 복음을 통해 교회에 나온 사람은 십자가를 지라는 말을 듣는 순간 인상이 일그러진다.

예수님은 우리의 모난 행동을 깎거나 우리의 못된 성품을 미세 조정하기 위해 이 땅에 오신 게 아니다. 예수님은 심지어 우리를 변화시키기 위해 오신 것도 아니다. 복음은 예수님이 우리가 죽을 수 있도록 하기 위해 오셨다고 말한다. C. S. 루이스는 《순전한 기독교》(Mere Christianity)에서 이 점을 설명했다.

> 그리스도께서는 이렇게 말씀하신다. '내게 전부를 주라. 너의 시간과 돈, 일의 일부는 필요 없다. 나는 너를 원한다. 나는 너의 육신을 고문하기 위해서가 아니라 죽이기 위해 왔노라. 미봉책은 전혀 소용이 없다. 여기저기를 가지치기해 봐야 소용이 없다. 나는 나무 전체를 쓰러뜨리길 원한다. 이빨을 갈아 내거나 금을 씌우거나 구멍을 메워 봐야 그때뿐이다. 아예 뽑아내야 한다.'

기독교의 슬로건은 "매일 죽으라"이고 심벌은 십자가이다.

나는 죽은 사람을 나름대로 많이 보았다. 먼저 시체실에 들어가 검시관이 들어오기를 기다렸던 적도 있다. 가족 곁에서 그들의 아버지이자 남편이 마지막 숨을 내뱉는 모습을 지켜보았다. 열린 관의 옆에 서서 친구와 가족들의 작별 인사를 지켜보았다. 좀 기괴하게 들릴지 모르겠지만, 그런 경험을 통해 죽은 사람들의 공통점 몇 가지를 발견했다.

죽은 사람은 남들의 이목에 신경을 쓰지 않는다. 죽은 사람은 멋진 옷에 아무런 관심도 없다. 죽은 사람은 은행 계좌에 돈이 얼마나 들어 있는지에 관심이 없다. 죽은 사람은 승진에 연연하지 않는다. 요컨대 죽음은 자신의 전부를 온전히 내려놓는 것이다. 죽으면 삶에 더 이상 미련이 없어진다.

날마다
자신에 대해 죽으라

예수님은 "제 십자가를 지고…"라고 말씀하신다. 그런데 바로 앞의 "날마다"를 빼먹고 읽는 사람이 너무도 많다. 하지만 이 단어 하나를 넣어야 비로소 예수님의 초대가 완성된다.

…날마다 제 십자가를 지고….

날마다 우리는 자신에 대해 죽고 그리스도를 위해 살겠노라 결심해야 한다. 자신을 죽이는 것은 한차례의 결심이 아니다. 매일같이 죽고 또 죽어야 한다. 이것이 자기 부인에서 가장 어려운 부분이다.

나는 매일 아침 서재에서 무릎을 꿇고 예수님께 내 전부를 내려놓는다. 이 서재의 벽에는 스프레이 페인트로 세 단어가 쓰여 있다. 고린도전서 15장 31절에서 바울이 한 말이다.

나는 날마다 죽노라.

날마다! 이것이 십자가를 지는 삶에서도 가장 어려운 부분이다. 아침마다 우리는 주님의 은혜로 십자가를 지고 죽어야 한다. 매일 아침 제단 앞으로 돌아가 자신을 내려놓아야 한다. 이것이 누가복음 9장 23절에 기록된 주님의 초대이다.

하지만 바로 다음 구절에서 놀라운 반전이 우리를 기다리고 있다.

누구든지 제 목숨을 구원하고자 하면 잃을 것이요 누구든지 나를 위하여 제 목숨을 잃으면 구원하리라(24절).

자신을 죽여야만 진정한 생명을 찾을 수 있다. 자신의 삶을 내려놓을 때 비로소 그리스도 안에서 참된 삶을 발견한다. 경험해 본 사람은 예수님의 이 말씀을 이해하리라. 하지만 팬에게는 황당무계한 헛소리일 뿐이다. 그래서 고린도전서 1장 18절에서 바울은 이렇게 말한다.

십자가의 도가 멸망하는 자들에게는 미련한 것이요 구원을 받는 우리에게는 하나님의 능력이라.

한 역본은 "십자가의 도가… 말이 되지 않는 것이요…"라고 말한다. 자신을 죽이라니, 팬에게는 말도 되지 않는 소리이다.
하지만 제자는 죽는 것이야말로 진정한 삶의 비결임을 안다. 그래서 우리가 놀라운 십자가에 관해 노래하는 것이다.

- 패배를 상징하던 십자가 - 제자에게는 승리의 상징이라네.
- 죄책감을 상징하던 십자가 - 제자에게는 은혜의 상징이라네.
- 유죄를 상징하던 십자가 - 제자에게는 자유의 상징이라네.
- 고난과 고통을 상징하던 십자가 - 제자에게는 치유와 소망의 상징이라네.
- 죽음을 상징하던 십자가 - 제자에게는 생명의 상징이라네.
- 흉물스러워 보이는 십자가 - 제자에게는 그렇게 아름다울 수가 없다네.

십자가를 지고 자신을 죽이라니, 무슨 고문처럼 들린다. 아무리 생각해도 불행으로 가는 지름길로밖에 보이지 않는다. 정말로 그것이 예수님을 따르는 일인가? 날마다 눈을 뜨자마자 불행 속으로 뛰어들어야만 하는가?

하지만 자신을 죽이고 그리스도 앞에 자신을 온전히 내

려놓으면 뜻밖의 부수 효과가 나타난다. 그 어디서도 발견하지 못한 참된 삶을 발견하게 될 것이다. 아이러니하게도 삶을 포기할 때 그토록 찾던 삶이 찾아온다.

가장
충격적인 부르심
와서 죽으라

Part 3

follower

chapter 11

나는 '어디든지' 간다

예수님이 지시하면
어디든지
따라나선다

아무든지 나를 따라오려거든 자기를 부인하고 날마다 제 십자가를 지고 나를 따를 것이니라(눅 9:23).

우리는 예수님의 이 초대를 시적인 표현으로 해석하는 경향이 있다. 우리는 예수님이 우리의 감정을 자극하려고 일부러 과장된 표현을 쓰셨다고 생각한다. 하지만 팬의 수준에서 벗어나 제자가 되려는 사람은 이 초대의 실질적인 의미를 구체적으로 고민해 보아야 한다.

그렇다면
'저기는 어떠냐'

예수님이 초대의 메시지를 전하신 뒤, 누가복음 9장 끝 무렵에 진심으로 제자가 되고 싶은 것처럼 보이는 3명의 사람이 등장한다. 하지만 예수님을 따르면 자기 삶의 특정한 부분이 피곤해질 것을 알자 그들은 변명을 하기 시작한다. 예수님과 조건을 협상하려는 것을 보니 그들은 팬이 분명하다. 첫 번째 팬은 57절에 등장한다. 그가 예수님과 제자들을 찾아온다.

> 길 가실 때에 어떤 사람이 여짜오되 어디로 가시든지 나는 따르리이다.

마음에 드는 고백이다. 예수님이 무엇을 원하시는지 제대로 아는 사람 같다. "어디로 가시든지 나는 따르리이다." 어디든지! 말만 들어 보면 제자가 확실하다. 아무 조건도 없다. 어디든지 가겠단다. 하지만 58절을 보라.

> 예수께서 이르시되 여우도 굴이 있고 공중의 새도 집이 있으되 인자는 머리 둘 곳이 없도다 하시고.

혹시 예수님의 얼굴에 희미한 미소가 걸려 있지 않았을

까? 아무튼 예수님이 그 사람을 보며 말씀하신다. "이보게, 나는 집도 없는 떠돌이라네." 제자가 되려는 사람의 열정에 찬물을 확 끼얹는 말씀이다. 예수님은 날마다 호텔에 묵으며 룸서비스를 시킬 생각일랑 꿈에도 하지 말라고 미리 못을 박으신다.

"어디로 가시든지 나는 따르리이다." 이 말에 예수님은 이 사람의 평온한 삶을 사정없이 뒤흔들 만한 곳을 가리키신다. "저기는 어떠냐?" 그런데 이 사람의 대답이 영 시원치 않다. 왠지 곧바로 꼬리를 내리는 듯한 인상을 풍긴다. "제가 '어디든지'라고 말했나요? 말이 그렇다는 거죠. 정말로 어디든지 다 따라갈 수야 없죠."

구체적으로 조목조목 따져 보지 않고 뭉뚱그려 생각하면 어디든지 따라가는 것이 그리 어렵지 않아 보인다. 하지만 예수님을 진정으로 따르려면 삶의 대대적인 변화를 각오해야 한다. 말 그대로, 예수님이 어디로 가시든 무조건 따라가야 한다. 이것을 알고 나면 예수님의 초대가 갑자기 큰 의미로 다가온다.

이 첫 번째 인물처럼 많은 사람이 성급하게 약속부터

하고 본다. "어디로 가시든지 나는 따르리이다." 하지만 막상 현실 앞에 서면 생각이 싹 달라진다. 당신은 어떤가? 예수님을 따르기가 가장 어려운 영역은 무엇인가? "어디든지"라고 자신 있게 말하긴 했지만 예수님이 제발 가리키지 말았으면 하는 영역은 무엇인가?

어디든지? 그렇다면 집에서는 어떤가? 혹시 종일 십자가를 지고 예수님을 잘 따르다가도 집에만 오면 십자가를 현관 앞에 내려놓고 들어가는가? 집에만 들어가면 져 주지 못하고 자신의 권리를 주장하는가? 섬기지 않고 빈둥거리고 있는가? 집에만 들어가면 참을성을 발휘하지 못하고 자꾸만 따지는가? 격려해 주지 못하고 매번 지적하고 비판하는가? 집에서는 영적 지도자 역할을 하지 못하고 수동적이고 냉담하게만 구는가?

어디든지? 일터에서는 어떤가? 평일 오전 9시면 많은 팬이 예수님을 차에 두고 내리는 모습을 볼 수 있다. "예수님, 여기서 기다리세요. 5시쯤에 다시 모시러 올게요." 팬들은 일터로 들어가는 순간, 제자의 옷을 벗어 던진다.

팬은 탐욕을 '야망'이라 부르며 정당화한다.

팬은 정직하지 못한 거래를 '사업 수완'이라 부른다.

팬은 직장에서 그리스도인의 티를 절대 내지 않으면서 '배려'라고 말한다.

한 여성에게서 어디든지 예수님을 따라갈 수 있게 기도를 해 달라는 내용의 이메일을 받은 적이 있다. 그녀는 7년 동안 한 회사에 다녔지만 동료들은 그녀가 교회에 다니는 줄 전혀 몰랐다. 하지만 이제 그녀는 믿음을 떳떳하게 드러내고 살기로 결심했다.

한편, 그녀의 바로 옆자리에서 일하는 동료가 있었다. 두 사람은 오랜 세월 동고동락하며 누구보다도 친해졌지만 그녀는 이 동료에게도 자신의 신앙에 관한 얘기를 꺼낸 적이 없었다. 그날 밤 그녀는 이 동료에게 그리스도인임을 밝히고 우리 교회의 특별 행사로 초대할 생각이었다. 그 뒤로 한동안 이메일이 없어 결과가 어떻게 되었는지 꽤 궁금했다.

마침내 몇 주 뒤 이메일이 다시 날아왔다. 읽어 보니 우습고도 부끄러운 상황이 벌어졌다고 했다. 그녀가 동료에게 교회에 가자고 하니까 동료가 배꼽이 빠져라 웃으며 말했다. "거기 내가 다니는 교회야. 그렇지 않아도 너를 초대하려고 했는데 내가 한발 늦었네." 처음에는 너무 재미있어서로 한바탕 웃었지만 이윽고 약속이나 한 듯 두 사람의 얼굴에서 웃음기가 가셨다. 생각할수록 씁쓸했다. 7년이나 가족처럼 지내면서 서로가 그리스도인인 줄 까마득히 몰랐다니. 둘 다 예수님의 제자를 자처했지만 일터에서는 전혀 그분을 따르지 않았던 셈이다.

어디든지? 게임은 어떤가? 동네에서는 어떤가? 옛 동무들과 고향을 방문했을 때는? 이건 어떤가? 혹시 하나님이 미얀마나 태국 같은 곳을 가리키며 "저기는 어떠냐?"라고 말씀하신다면 어떻게 할 것인가?

앤 저드슨(Anne Judson)은 미국 최초의 해외 선교사였던 아도니람 저드슨(Adoniram Judson)의 아내였다. 아도니람은 24세의 나이에 미얀마로 갈 결심을 했다. 당시 미얀마에는 선교사가 한 명도 없었고 외국인에 대한 적개심이 극에 달해 있었다. 아도니람은 당시 23세였던 앤과 사랑에 빠졌다. 그는 앤과 결혼하여 함께 미얀마에서 복음을 전하고 싶었다. 그래서 장인에게 다음과 같은 편지를 보내 결혼 허락을 부탁했다.

> 따님이 저랑 결혼하면 아버님은 바로 내년 봄에 따님과 헤어져 이 세상에서 다시는 보지 못하실 것입니다. 따님은 선교지에서 고난을 겪게 될 것입니다. 바다의 위험과 인도 남부의 치명적인 기후, 극심한 가난, 모욕과 압제, 심지어 비참한 죽음에까지 노출될 것입니다. 그래도 저희의 결혼을 허락해 주십시오. 하늘 집을 떠나 따님과 아버님을 위해, 죽어 가는 유한한 영혼들을 위해, 시온과 하나님의 영광을 위해 돌아가신 분을 위해 허락해 주십시오. 곧 의의 면류관을 쓴 따님을 영광의 세계에서 볼 소망으로 허락해 주십시오.

앤의 아버지는 딸에게 결정을 맡긴다고 대답했다. 이에 앤은 고민을 하다가 친구 리디아 킴볼(Lydia Kimball)에게 다음과 같은 편지를 썼다.

하나님이 막지 않으신다면 이 이교도의 땅에서 보낼 날이 기대돼. 리디아, 이곳에서의 모든 안락과 즐거움을 포기하고 친척과 친구들을 향한 사랑도 접고 하나님이 섭리 가운데 부르시는 곳으로 가기로 결심했어.

1813년 저드슨 부부는 미얀마로 떠났다. 그때부터 고난이 꼬리에 꼬리를 물었다. 1824년 아도니람은 투옥되어 18개월을 감옥 안에서 지냈다. 밤에는 다리가 묶여 공중에 매달렸다가 한참 뒤에 겨우 어깨와 머리만 바닥에 대고 잠시 쉬었다. 기온은 40도를 넘나들었고 밤이면 모기에 시달렸다.

그가 감옥에 들어갈 때 아내 앤은 임신한 상태였다. 하지만 앤은 매일 무거운 몸을 이끌고 3킬로미터가 넘는 거리를 걸어와 남편의 방면을 호소했다. 감옥에서 1년 넘게 썩은 음식을 먹고 고문까지 당하다 보니 아도니람의 눈은 퀭하고 몸은 쇠약할 대로 쇠약해졌다. 옷도 누더기로 변한 지 오래였다. 그 와중에 딸 마리아가 태어났다. 어느새 앤도 남편만큼 아프고 수척해져 버렸다. 젖도 말라서 나오지 않았다. 다행히 교도관이 밤마다 아도니람을 내보내 젖동냥을 하도록 허락해 주었다.

마침내 석방이 되었지만 얼마 있지 않아 앤은 홍반열로 세상을 떠났다. 그녀의 나이 겨우 37세였다. 하지만 저드슨 부부가 애쓴 덕분에 성경 전체가 미얀마어로 번역되었다. 오늘날 미얀마에는 3,700개 교회가 있다. 그 출발점은 아도니람과 앤이 하나님께 "어디든지"라고 고백하는 순간으로 거슬러 올라간다. 그때 하나님은 미얀마를 가리키며 "저기는 어떠냐?"라고 말씀하셨다.

이번 주에 약 50년 전의 어느 평범한 날 한 가족에게 일어난 일을 알게 되었다. 어느 나른한 주일 오후, 일리노이 주의 작은 마을 세인트 조셉에 사는 이 가족의 집에서 일어난 일이다. 두 남자가 문을 두드렸다. 한 남자는 오빌 허버드(Orville Hubbard)란 사람이었다. 오빌은 유전(油田)에서 일했다. 배운 것도 없는 지극히 평범한 사람이었다. 다른 남자는 딕 울프(Dick Wolf)란 사람이었다.

딕은 아내가 병원에서 출산할 때 역시 출산 중인 이 부부를 처음 만났다. 오빌과 딕은 긴요하게 할 말이 있으니 잠시만 시간을 내 달라고 부탁했다. 부부는 딱히 할 일도 없었기 때문에 기꺼이 두 사람을 안으로 들였다.

남편이 아내를 불러 함께 소파에 앉자 오빌과 딕이 복음을 전하기 시작했다. 두 사람이 예수 그리스도와의 관계를 설명하는 내내 부부는 조용히 앉아서 귀를 기울였다. 이 이야기에서 사소하면서도 중요한 사실 하나를 빼놓을 수 없다. 당시 8세였던 아들이 바닥에서 장난감 트럭을 가지고 놀고 있었다. 다들 아이가 장난감을 가지고 놀기만 하는 줄 알았다. 하지만 사실 아이는 어른들의 말 한마디 한마디를 가슴에 새기고 있었다. 그날 이 가족의 운명은 180도로 바뀌었다. 돌아오는 주일, 부부는 아들과 함께 예수님을 영접하고 세례를 받았다. 두 평범한 남자가 "어디든지"라고 말했고 예수님은 이 가족의 집을 가리키셨다.

1956년 오빌과 딕이 그 일을 하지 않았다면 내가 이 책을 쓸 일도 없었을 것이라는 사실을 밝히고 싶다. 그날 두 사람의 노크에 문을 열어 준 부부를 나는 할아버지 할머니라고 부른다. 그날 바닥에서 장난감 트럭을 가지고 놀던 꼬마는 나의 아버지셨다. 그래서 언젠가 천국에 가면 꼭 오빌과 딕을 찾아가 팬이 아닌 제자가 되어 준 것에 감사할 참이다. 그날 그 두 사람에게는 다른 할 일도 많았을 게 분명하다. 그리고 그날 문을 두드릴 때 얼마나 긴장이 되었을까? 식은땀이 흘렀을지도 모를 일이다. 하지만 결국 그 사람은 '어디든지' 예수님을 따라가기로 결심했고, 그분을 따라 우리 할아버지 집의 대문 앞에 이르렀다.

chapter 12

나는 '무엇이든지' 드린다

전부를
드리지 않으면
드리지 않는 것이다

누가복음 9장에 제자가 되고픈 또 다른 팬이 등장한다. 이 팬도 역시 예수님께 전부를 바칠 준비가 되어 보인다.

> 또 다른 사람이 이르되 주여 내가 주를 따르겠나이다마는 나로 먼저 내 가족을 작별하게 허락하소서(눅 9:61).

이전 팬과 마찬가지로 이 팬도 예수님을 따르기는 하겠지만 지금 당장은 아니라고 말한다. 먼저 가족에게 작별 인사를 하고 싶단다. "예수님, 엄마 아빠에게 이별의 키스 정도는 하게 해 주셔야죠." 이 역시 합당한 요구처럼 보인다. 하지만 그는 집에 가서 간단히 포옹만 하고 곧바로 돌아오려는 게 아니다. 당시 가족을 떠나기 위해서는 여러 번의 이별 파티를 치러야 했다. 그러다 보면 몇 주는 훌쩍 지나간다.

이 팬이 그런 요구를 하자 예수님은 화까지 나신 듯하

다.

> 예수께서 이르시되 손에 쟁기를 잡고 뒤를 돌아보는 자는 하나님의 나라에 합당하지 아니하니라 하시니라(62절).

예수님은 밭을 가는 일에 집중하지 않고 자꾸만 뒤를 돌아보는 사람의 비유를 드신다.

이 남자의 요구는 그의 진심이 어디에 있는지를 보여 준다. 예수님을 따를 마음이 없는 것은 아니다. 단지 예수님을 따르는 것이 그의 최우선 사항이 아닐 뿐이다. 하지만 전부를 내려놓고 따르지 않는 것은 진정으로 따르는 게 아니다. 우리가 여태껏 살핀 팬들과 마찬가지로 이 남자도 예수님을 따르되 전심으로 따를 생각까지는 없다. 전부를 걸 마음까지는 없다. 예수님 말고도 관심을 끄는 것이 있다. 그래서 자꾸만 그것을 돌아본다.

반쪽짜리 마음은
거들떠보지 않으신다

"당신을 따르겠습니다. 제가 가진 전부를 당신께 드립니다." 팬이 그렇게 말하면 예수님이 뒤춤에 숨긴 것을 가리키며 말씀하신다. "저것은 어떠냐?" 니고데모에게 '저것'은 종교적 평판이었다. 부자 청년에게 '저것'은 재물이었다. 이 팬의 발목을 잡고 있는 것은 가족이었다. 팬들은 예수님을 따를 마음이 있지만 그분과의 관계에만 얽매일 생각까지는 없다. 묵은 관계들도 그대로 유지하고 싶다.

예수님은 반쪽짜리 사랑과 충성을 거들떠보지도 않으신다. 그래서 예수님이 당신의 가장 귀한 보물을 가리키며 말씀하신다. "저것은 어떠냐?"

예수님은 팸(Pam)에게 "음식은 어떠냐?"라고 물으셨다. 오랜 세월 팸은 예수님이 아닌 음식에서 위로와 만족을 찾았다. 하지만 인생의 이 영역을 주님 앞에 내려놓지 못하면 그분의 제자가 될 수 없음을 마침내 깨달았다.

"제 전부를 다해 예수님을 따르고 싶습니다." 스티브

(Steve)의 말에 예수님이 물으셨다. "너의 여가 생활은 어떠냐?" 스티브는 예수님의 제자가 되고 싶었지만 매번 자신도 모르게 음란한 텔레비전 프로그램과 인터넷 사이트를 탐닉했다. 그는 예수님을 따르고 싶었지만 자꾸만 뒤를 돌아보는 자신이 너무 미웠다.

예수님은 스테파니(Stephanie)에게 "자녀는 어떠냐?"라고 물으신다. 스테파니는 스스로 예수님의 제자라 생각했지만 그녀에게 가장 중요한 존재는 예수님이 아니라 자녀들이었다. 그녀는 언제나 자녀로 인해 기뻐하고 근심했다.

예수님은 더그(Doug)에게 "네 돈은 어떠냐?"라고 물으신다. 더그는 예수님이 아닌 돈에서 자존감과 삶의 의미를 찾았다. 하지만 경기가 극도로 나빠지면서, 자신이 말로는 예수님을 따른다고 하면서 실상은 돈에 눈이 멀어 살아왔다는 사실을 깨닫기 시작했다.

예수님이 전부를 요구하시는 데는 그만한 이유가 있다. 우리가 가장 포기하지 못하는 그 한 가지가 그분의 자리를 대신할 가능성이 크기 때문이다. 다시 말해, 한 가지만 빼고 나머지를 전부 그분께 드린다 해도 그 한 가지가 우상이 될 수 있다. 우리가 앞에 계신 예수님을 따라가면서 뒤에 있는 뭔가를 돌아보고 있다면 바로 그것이 우상이다. 그 한 가지를 포기할 때 마침내 오랫동안 손에 잡힐 듯 잡히지 않던 만족이 찾아온다.

팬들은 예수님께 전부를 바치면 손해를 볼까 두려워한다. 그래도 예수님은 전부를 내놓으라고 말씀하신다. "나를 사랑하느냐? 나를 믿느냐? 그렇다면 전부를 내려놓고 나를 따라오너라."

예수님이 주시는 것을 얻기 위해 우리의 전부를 내놓는 것이야말로 최선의 거래이다. 에콰도르의 아우까 인디언들에게 복음을 전하다가 순교한 선교사 짐 엘리엇(Jim Elliot)은 이런 말을 했다. "잃을 수 없는 것을 얻기 위해 지킬 수 없는 것을 내주는 사람은 바보가 아니다."

시편 106편 19-20절은 모세가 산 위에서 하나님께 십계명을 받는 동안 이스라엘 백성들이 금송아지를 숭배했던 사건을 반성하는 내용이다.

그들이 호렙에서 송아지를 만들고 부어 만든 우상을 경배하여 자기 영광을 풀 먹는 소의 형상으로 바꾸었도다.

이 얼마나 어리석은 거래인가. 한 가지를 내려놓지 못해 예수님을 따를 기회를 날려 버리는 것이 이와 같다.

비싼 차를 사기 위해 예수님을 따를 기회를 날려 버렸는가? 예수님을 따를 기회를 고액 연봉 직장과 맞바꾸었는가? 예수님을 따를 기회를 버린 대가로 으리으리한 집에 들어갔는가? 주가를 좇느라 예수님을 따를 기회를 버렸는가? 박진감 넘치는 축구 경기에 푹 빠져서 예수님을 까마득히 잊고 살았는가?

그것은 절대 좋은 거래가 아니다. 물론 그런 것들 자체는 죄가 아니다. 하지만 그런 것들을 하나님의 자리에 놓는 것은 엄연한 죄이다. 세상적인 것을 너무 소중히 여기면 그것이 그리스도를 전심으로 따르지 못하게 하는 방해물이 된다. 성 아우구스티누스는 이런 현상을 "잘못된 사랑"(disordered loves)이라고 명명했다. 우리 주변의 것들을 사랑해야 하지만 도에 지나치면 문제이다.

직업이 목사이다 보니 장례식을 수도 없이 집도했다.

그런데 고인을 내가 개인적으로 알지 못하는 경우도 꽤 많았다. 그럴 때는 고인에게 어울리는 설교를 하기 위해 가족들을 모아 고인에 관한 추억을 말해 달라고 부탁한다. 가족들은 보통 고인의 취미와 관심사를 이야기한다. "골프를 너무도 사랑하는 분이었죠." "뜨개질에 미친 분이었어요." "열렬한 스포츠팬이었죠." "집 안을 꾸미는 솜씨가 예사롭지 않았죠." "시가를 수집하고 즐겨 피웠지요." "생전에 브로드웨이 쇼를 즐겨 봤죠. 〈오페라의 유령〉의 열렬한 팬이었어요." "자동차 애호가였죠." "재능이 탁월한 음악가였어요." "뛰어난 사업가였죠." "누구보다도 사랑이 넘치는 어머니였죠." "늘 자식의 용기를 북돋아 주는 아버지였죠."

나는 친척들의 이런 말 하나하나를 빠짐없이 수첩에 적는다. 하지만 속으로는 안타까운 탄식을 한다. "고인이 예수님을 사랑했노라 말해 주는 친척은 왜 한 명도 없는가? 사랑이 넘치는 어머니요 탁월한 음악가라는 칭찬도 좋지만 예수님의 제자라고 말해 주면 훨씬 더 좋을 텐데."

예수님을 전심으로 따르면
인생이 어떻게 달라질까?

당신의 인생이 끝나면 천국으로 직행하지 않고 거대한 극장에 홀로 앉게 된다고 상상해 보자. 전혀 예상하지 않게 극장에 앉게 되어 어리둥절하다. 한편으론, 팝콘이 있으면 좋겠다는 생각도 든다. 어쨌든 참을성 있게 기다리자 서서히 영화가 시작된다. 과연 무슨 영화일까? 조지 번스(George Burns)나 모건 프리먼(Morgan Freeman) 말고 다른 배우가 하나님 배역을 맡았으면 좋겠다는 생각을 해 본다. 조명이 꺼지고 개시 인물 자막이 흐르기 시작한다. 가만히 보니 대부분의 배역이 눈에 익다. 당신의 부모, 배우자, 자녀들, 친구들. 저런, 주인공은 바로 당신이다. 이윽고 스크린에 제목이 뜬다. "팬이냐 제자냐, 반전 드라마."

영화의 첫 장면이 펼쳐진다. 처음에는 과거에 있었던 일을 그대로 재현한 것처럼 보이지만 점점 다른 방향으로 흐른다. 실제로 신학자들은 전능의 하나님이 미래를 전부 아시는지를 놓고 지금도 옥신각신하고 있다. 영화의 각 장면은 실제로 있었던 일로 시작되지만 현실과 다르게 결말이 난다.

첫 번째 장면이 나오자 대번에 무슨 내용인지 알아챈다. 당신이 첫 데이트를 하고 있다. 영화 속의 대화를 들으니 가물거렸던 기억이 조금씩 살아난다. 테이블 건너편의 데이트 상대는 그리스도인이 아니다. 하지만 데이트가 썩 즐거워 관계를 이어 가기로 결심한다. 그때가 하나님으로부터 멀어지기 시작한 순간이라는 사실이 기억난다. 기나긴 영적 방황의 출발점이었다. 하지만 이 영화에서는 상황이 다르게 전개된다. 당신이 상대방을 교회로 초대하지만 거절을 당한다. 어쩔 수 없이 당신은 관계를 끝내기로 결심한다. 그때 스크린의 아래에 "2개월 후"라는 자막이 흐른다. 이제 당신이 교회에서 예배를 드리고 있는데 헤어졌던 상대가 찾아와 당신의 옆에 앉는다. "한번 해 보죠, 뭐."

다음 장면은 생생히 기억이 난다. 당신이 배우자와 함께한 여행사의 탁자 앞에 앉아 다양한 크루즈 상품을 소개한 팸플릿을 뒤적거리고 있다. 이후 상황은 안 봐도 훤하다. 멋진 캐리비안 크루즈 여행을 즐겼던 기억이 난다. 하지만 영화에서는 상황이 다르게 전개된다. 당신이 팸플릿을 내려놓고, 교회에서 곧 떠날 선교 여행을 떠올린다. 이윽고 무엇인가 결심한 듯 아내를 밖으로 데리고 나가 잠시 이야기를 나눈다. 그리고 집으로 오는 길에 교회로 전화를 건다. "배우자와 이야기를 나누었는데 금년 휴가는 교인들과 함께 선교 여행을 가고 싶습니다."

영화 속에서 어느새 당신과 배우자는 과테말라의 어느 고아원에서 한 예쁜 여자아이의 양쪽에 앉아 밥을 먹이고 있다. 그러다가 갑자기 장면이 바뀐다. 이번에도 당신과 배우자가 그 여자아이의 양쪽에 앉아 있다. 하지만 카메라 렌즈를 따라 주변을 둘러보니 그곳은 고아원이 아니라 바로 당신의 집 안이다.

영화는 계속된다. 이번에는 직장이다. 한 남자가 당신에게 다가온다. 기억이 날 듯 말 듯한 장면이다. 남자의 이름은 기억이 나질 않지만 말이 많은 사람이었던 것은 생각이 난다. 친해지면 지긋지긋한 하소연을 매일 들어줘야 하기 때문에 일부러 거리를 두었던 사람이다. 하지만 영화 속에서는 상황이 달라진다. 당신이 그의 곁에 앉아서 참을성 있게 들어주다가 "기도해 드릴까요?"라고 묻는다.

장면이 바뀐다. 이 장면도 정확히 기억이 난다. 당신과 배우자가 뉴스를 보고 있다. 뉴스 시청은 당신 부부가 밤마다 치른 일종의 의식이었다. 뉴스를 약간 보다가 한밤의 토크쇼를 보지 않고는 잠자리에 드는 법이 없었다. 하지만 이 영화에서는 상황이 다르다. 당신이 텔레비전을 끄고 배우자와 함께 침대 옆에 무릎을 꿇는다. 그리고 두 손을 모아 기도를 시작한다. 가만히 보니 이 영화에서는 상황만 달라진 게 아니라 당신의 얼굴도 완전히 달라져 있다. 전심으로 예수님을 따르는 당신의 얼굴에는 세상 어디에서도 볼 수 없는 기쁨과 만족감이 그득하다.

있는 모습 그대로
예수님을 따르자

팬이 아닌 예수님의 제자가 되면 당신 인생의 장면들이 어떻게 달라질까? 예수님을 전심으로 따르면 어떤 인생이 펼쳐질까? 변명 따위는 없이. 어디서나. 언제든지. 무엇이든지.

예수님을 따르지 않는 사람들이 가장 흔히 하는 변명은 먼저 뒤죽박죽이 된 삶을 정돈하고 싶다는 것이다. 예수님의 초대를 얼마나 진지하게 여기면 삶을 깔끔하게 정리한 뒤에 따르겠다는 것일까? 하지만 예수님은 있는 모습 그대로 따라오라고 부르신다. 예수님은 내일까지 기다리지 말라고 하신다. 내일이 되어도 삶이 제자리를 잡을지는 여전히 미지수이다. 우리가 오늘 당장 예수님을 따라 나서면 그분이 우리를 현재의 실타래에서 이끌어내신다.

스마트폰에는 내비게이션 기능이 있다. 하지만 내 힘으로도 얼마든지 길을 찾을 수 있다고 생각하기 때문에 좀처럼 그 기능을 사용하지 않는다. 대개 내가 내비게이션을 쓰는 것은 잘난 체를 하다가 길을 잃은 뒤이다.

스마트폰에 목적지를 입력하면 처음 흘러나오는 질문은 "현재 위치에서 안내를 시작할까요?"이다. "예"를 터치하면 내비게이션은 내가 처음 출발한 장소가 아니라 현재 위치에서 경로를 계산한다. 예수님은 우리에게 현재 위치에서 당장 따라오라고 말씀하신다. 출발지로 돌아갈 필요가 없다. 혼자 힘으로 목적지 가까이로 갈 필요도 없다. 예수님이 우리에게 은혜와 사랑의 손을 뻗어 따라오라고 부르신다. 있는 모습 그대로 따라오라고 하신다.

> 여호와의 눈은 온 땅을 두루 감찰하사 전심으로 자기에게 향하는 자들을 위하여 능력을 베푸시나니(대하 16:9).

남김 없이

후퇴 없이

후회 없이